O comportamento do consumidor adolescente: propagandas realmente influenciam a decisão de compra delas e deles?

SUMÁRIO

Introdução 0

Fundamentação Teórica 1

Método 5

Resultados 6

Discussão 8

Conclusões 10

Referências 107

Agradecimentos 116

INTRODUÇÃO

Um dos temas abordados na disciplina e da prática do marketing é o comportamento do consumidor, aliás, poder-se-ia dizer com muita precisão que grande parte dos princípios de marketing está diretamente relacionada com o comportamento humano no campo do consumo. Em outras palavras, tudo gira em torno do consumidor, desde a arquitetura de um estabelecimento a como, onde e quando produtos são oferecidos. Dessa forma, torna-se bastante evidente que a psicologia teve e tem um papel fundamental na estruturação do marketing como disciplina e profissão. Entender o comportamento do consumidor é visto por muitos acadêmicos e profissionais quase sacramente como fundamental para o sucesso da atividade de marketing.

No período em que a prática comercial começava a se enrobustecer nos EUA e no mundo, a prática do marketing surgia em 1900 com a escola *Commodity* (Miranda & Arruda, 2004), e logo em seguida, a partir de 1913, uma nova vertente da psicologia também tomava força com J.B. Watson (1878 – 1958): o Behaviorismo (Skinner, 1991). Esta vertente mais tarde tomou diferentes rumos, como a linha do "Behaviorismo Radical" de Skinner (1904

– 1990) que veio influenciar profundamente os princípios norteadores do marketing, de forma especial, um de seus elementos principais, a promoção; conhecida pela população leiga, genericamente e de forma reducionista, como a liquidações. Posteriormente, também outras teorias, como as sociais e cognitivas vieram a influenciar o marketing até os dias atuais.

No entanto, por que a preocupação com o entendimento do comportamento do consumidor? Quais vantagens teriam marketeiros em conhecer os princípios norteadores do comportamento humano? A explicação catedrática aceita por acadêmicos e profissionais é que entendendo a psicologia do comportamento é possível manipular variáveis do ambiente, e intrínsecas do sujeito, para poder induzir o consumidor a comprar um determinado produto. Para o autor desse estudo, entender o comportamento do consumidor é importante e faz sentido no tocante a um melhor entendimento do ser humano, com o objetivo de estabelecer um melhor e mais justo equilíbrio nas relações sociais que incluem as relações do tipo comercial - e o autor espera que os resultados desta pesquisa seja uma contribuição também neste sentido. Além disso, através do estudo do comportamento do consumidor torna-se possível desmistificar muitos princípios-mitos da doutrina do marketing. Princípios estes outrora já questionados (Silva, 2005). A afirmação de que por meio do entendimento do comportamento do consumidor, o marketeiro ou o publicitário podem elaborar estratégias de manipulação, através da propaganda, na perspectiva do autor, pode não passar de mera utopia.

Refletindo a influência da crença em alguns aspectos bastante questionáveis sobre o comportamento humano, como, por exemplo, aqueles provindos da teoria behaviorista, "Os números mais conservadores estimam o gasto mundial em publicidade em 500 bilhões de dólares por ano" (Dowbor, 2002, p.9), com a justificativa de que a propaganda é elemento fundamental para inflar o montante de vendas anuais das empresas. No entanto, atualmente não existem instrumentos que possam diretamente avaliar os efeitos de uma propaganda sobre o total de vendas de um determinado produto, nem sobre o comportamento do consumidor, simplesmente porque determinar causalidade nestes casos é uma tarefa extremamente difícil. A não ser naqueles casos de ações promocionais quando o consumidor recebe *gift vouchers* ou cupons de descontos, mas precisa retorná-los ao estabelecimento comercial para fazer uso destas "vantagens" (Pickton & Broderick, 2005). Mesmo assim, a maioria dessas ações podem somente ser veiculadas em mídia impressa ou via Internet – vamos esperar o estabelecimento da TV digital no Brasil para ver como empresas e consumidores brasileiros reagirão a esta nova realidade. No caso da mídia impressa, este é um veículo de propaganda bastante limitado, principalmente considerando que apenas 17% dos adolescentes brasileiros gostam de ler (ADITAL, 2004), os brasileiros leem em média dois livros por ano (Beilich, 2007) e o público de leitores brasileiros se limita a 26 milhões de pessoas (Carrero, 2008) com 61% dos brasileiros adultos alfabetizados tendo muito pouco ou nenhum contato com os livros (Jorge, 2004).

> Muitos brasileiros não sabem ler. Em 2000, um quarto da população com 15 anos ou mais eram analfabetos funcionais. Muitos simplesmente não querem [ler]. Apenas um adulto alfabetizado em cada três lê livros. O brasileiro médio lê 1,8 livros não acadêmicos por ano (Folha Online, 2006).

No caso da Internet, apesar deste ser um meio de promover a leitura (Mouro, Souto & Estabel, 2007), em 2005 apenas 17, 56% dos estudantes brasileiros de segundo grau tinham acesso à Internet em casa e 20,12% destes tinham acesso à Internet na escola (Olinto, 2007). Apenas 17,2% dos 189.197.363 brasileiros são usuários de Internet no Brasil (Craveiro, 2007). No entanto, com o aumento do surgimento de novas *lan houses*, é possível que as estimativas acima estejam aquém da realidade atual brasileira. Já que, ao menos em Recife, uma breve pesquisa do autor por observação de alguns estabelecimentos, revelou que o público em geral que mais frequenta as *lan houses* são crianças e adolescentes. Torna-se então relevante considerar neste estudo a Internet como um veículo importante de propaganda, apesar de que, mesmo processo de observação das *lan houses*, o autor constatou que a maioria das crianças e adolescentes na maioria das vezes utiliza estes estabelecimentos para jogar videogames.

Muitos marketeiros e publicitários fazem uso da chamada pesquisa de "*recall*" (Belch & Belch, 2004) onde centenas de pessoas são perguntadas sobre as marcas que elas mais se lembram. No entanto, tal abordagem só avalia a memória do consumidor e não se o consumidor comprou o produto ou marca em questão por causa da propaganda – uma pessoa pode se lembrar de uma propaganda criativa, mas nem por isso ter comprado o produto oferecido pela mesma. Outros métodos adotados para determinarem o nível de *likability* (simpatia pelo produto) e de intenção de compra (Willemsens, Perin & Sampaio, 2006) sofrem de limitação similar à da técnica *recall*, já que um consumidor pode ter simpatia pelo produto e até dizer que tem a intenção de comprá-lo, mas na prática não fazê-lo. Ademais, muitas empresas fazem mais propagandas em períodos festivos que por si só trazem um aumento nas vendas independentemente de propagandas, como é o caso da Páscoa e do Natal – o décimo terceiro é um incentivo bastante persuasivo para o consumidor comprar mais. Finalmente, vendas podem diminuir ou aumentar por motivos como o crescimento econômico contínuo de um país que gera mais investimentos e empregos e com isso maior demanda agregada de um país (Cleaver, 2004). Assim como eventos naturais, como o aumento ou diminuição de períodos de chuva ou da temperatura de uma região (venda de guarda-chuvas/capas e de água mineral aumentam, respectivamente) embargos internacionais, como foi o caso recente da carne bovina brasileira ou simplesmente a redução do (Imposto sobre Produto Industrial) IPI sobre carros, como no caso atual do Brasil (2009).

O presente estudo é neste sentido uma iniciativa com intuito de entender melhor o comportamento do consumidor brasileiro, não para melhor desenvolver ou melhorar táticas de marketing como a propaganda, mas para tentar verificar se as verdades aceitas sobre a propaganda por muitos marketeiros, publicitários, empresários, acadêmicos e pela população leiga têm de fato fundamento ou se não passam de mito. Como o fenômeno estudado é deveras abrangente, fez-se necessário um direcionamento mais específico para o presente estudo. Assim sendo a pesquisa enfocou o comportamento do consumidor adolescente brasileiro e a propaganda como possível meio de influência determinante na sua decisão de compra.

De uma forma geral, pesquisas na área do comportamento do consumidor são escassas no Brasil. Muito mais ainda sobre o consumidor adolescente, como verificado através do portal de periódicos da CAPES (www.periodicos.capes.gov.br). Contudo, vem-se notando ao redor do mundo que o adolescente dos tempos modernos não é mais tão dependente dos seus pais como aqueles de algumas décadas atrás. Os adolescentes estão mais independentes em relação as suas escolhas e são tidos como potenciais consumidores (Belch & Belch, 2004; Czinkota & Ronkainen, 2004). No Brasil, um fator bastante sugestivo referente a esta nova realidade dos adolescentes é a redução da idade mínima para a emancipação legal do cidadão, hoje estabelecida em 18 anos (e não 21 como antigamente) pelo novo Código Civil de 2002 (Gonçalves, 2007). Com o desenvolvimento econômico recentemente vivenciado no Brasil, o poder aquisitivo do brasileiro aumentou. Novas ascensões sociais ocorreram, o consumo cresceu junto com novos desafios em diversas esferas da sociedade. Os prazos para financiamentos foram estendidos em razão da baixa inflação e do crescimento do PIB nacional – apesar do encolhimento recente desses prazos pelo efeito da crise financeira atual, o Brasil ainda é um dos países menos afetados pela crise e projeta crescimento positivo do PIB para o ano de 2009. Acesso a cartão de crédito está bem mais facilitado (como no caso do Hipercard), existe a possibilidade de comprar sem sair de casa (compra via Internet, ainda que de forma muito limitada por uma questão estrutural e social como visto acima e de segurança) e voar, em muitos casos, ficou mais barato do que viajar de ônibus.

Ao mesmo tempo em que estas mudanças ocorrem no Brasil, estes e outros eventos também acontecem em nível global, novas tendências e valores vão surgindo com consequências positivas, mas também con consequências negativas outrora já previstas como enfatizado na citação a seguir.

> A massividade da comunicação, a liberação indiscriminada do conhecimento, a mudança rápida de costumes e de valores éticos, morais e a interpenetração de culturas diferentes por intermédio de rápidos e eficientes meios de comunicação tendem a saturar o aparelho psíquico. Ante a saturação do aparelho psíquico, este "cede à tentação de um discernimento estético", como expressou Grimson (1991).
>
> Em outras palavras, cria-se para mente um estado que tende à confusão, um estado de constante problematização ou, o contrário, um estado de isolamento defensivo ante as angústias que tal clima pode despertar (Levisky, 1998, p.76)

Neste bulício cultural se encontra o adolescente que

> ...vivendo sua crise de identidade, portador de um ego com características específicas, ele possui um terreno fértil para sofrer induções, sugestões, pregações de toda natureza, podendo ser utilizado como cidadão de papel, na expressão de Dimenstein (1993) (Levisky, 1998, p.74).

O adolescente está vulnerável a influências socioculturais, de amigos, de situações estressantes e de dificuldades típicas deste período de esenvolvimento, quando aspectos como a autoestima e o "self" (Carreira, 006) são postos à prova frequentemente. Momentos de instabilidade e mudanças na personalidade ocorrem e possíveis desordenamentos do comportamento são intensificados (Donnellan, Conger & Burzette, 2007; Lebelle, 2007; Shaffer, 2002). Desta forma, devido à fragilidade deste período de desenvolvimento e refinamento da personalidade do indivíduo, é plausível afirmar que seria justamente neste período de desenvolvimento do ser humano quando a propaganda exerce seu maior poder de influência sobre o consumidor. Por outro lado, do ponto de vista do desenvolvimento cognitivo, segundo Piaget (1975), é durante a adolescência que o indivíduo desenvolve completamente sua capacidade hipotético-dedutiva, sendo capaz, assim, de utilizar o raciocínio lógico que é a base para o pensamento crítico. Capacidade esta que pode ser usada diante de determinadas situações como processos decisórios. Todavia, a qualidade da capacidade crítica do adolescente vai depender também de outros aspectos relacionados ao processo de identificação, o qual na perspectiva da teoria social cognitiva pode se dar através do processo de modelagem; de imitação de um modelo escolhido pelo adolescente (Bandura, 1986). Assim, partindo deste referencial, é plausível afirmar que se o adolescente toma como modelo pessoas extremamente influenciáveis e de baixa capacidade crítica, ele assimilará também tais

11

características, consequentemente tornando-se muito mais passivo diante de influências externas como propagandas. Entretanto, Bee (1996) referindo-se aos relacionamentos dos adolescentes com seus pares, afirma que o adolescente não imita cegamente seus companheiros e tendem a se associar a grupos, nos quais se compartilhem seus valores, atitudes e comportamentos. Em que medida os e as adolescentes são influenciados por fatores psicológicos intrínsecos e por fatores do ambiente ainda é uma pergunta difícil de responder.

Pesquisas na área do comportamento do consumidor não têm nem de longe acompanhado as mudanças (anteriormente citadas) no macro sistema e meso-sistema, pegando emprestada a terminologia usada por Urie Brofenbrenner (Shaffer, 2002), que influenciam o microssistema no qual o adolescente encontra-se inserido. Pesquisas nos EUA têm mostrado evidências de que adolescentes são de fato influenciados por comerciais (Shaffer, 2002). No entanto, a realidade e a cultura norte-americana são muito diferentes da realidade do adolescente brasileiro e recifense. Ademais, tais pesquisas têm demonstrado que os comerciais exercem maior influência em crianças e não em adolescentes.

Desta forma, fazem-se necessárias novas iniciativas científicas que tenham como objetivo verificar se a propaganda influencia de forma terminante a decisão de compra do consumidor adolescente de diferentes alidades socioculturais. Tenha-se propaganda como toda e qualquer forma anúncio de um produto (ex.: Outdoors, Bussdoors, Banners, TV, Rádio, rnal e Internet), pois a intenção do presente trabalho não foi verificar pecificamente o efeito de um dos veículos de propaganda, mas sim, se na inião do pesquisado a propaganda influencia de forma determinante suas cisões de compra.

Neste primeiro momento, o intuito da pesquisa foi o de identificar se propaganda influencia o processo de decisão do consumidor adolescente a rtir da opinião do pesquisado e posteriormente partir para um entendimento ais profundo acerca de como esta influência ocorre na prática, caso se contre indícios de que a propaganda tenha tal poder. Porém, antes de ualquer iniciativa prática, sempre é necessária uma revisão da literatura ersando sobre várias teorias em psicologia que estão, de uma forma ou de utra, associadas ao comportamento humano, consequentemente, ao omportamento do consumidor. É no intuito de explorar melhor os uestionamentos anteriores sobre os possíveis efeitos da propaganda sobre o onsumidor que as próximas páginas versarão e serviram como base para o esenvolvimento da pesquisa realizada.

FUNDAMENTAÇÃO TEÓRICA

O BEHAVIORISMO

O behaviorismo surgiu no início do século XX como uma tentativa de substituir o objeto central de estudo da psicologia, a "consciência", pelo estudo de algo supostamente mensurável, o comportamento humano. O motivo principal era desta forma, "elevar" a psicologia a categoria de ciência. Obviamente, o conceito de ciência se baseava no que se entendia como ciência naquele período, o qual, diga-se de passagem, foi imensamente influenciado por um movimento da física conhecido como operacionalismo. Conceito este que foi expandido por um grupo conhecido como Círculo de Viena dos Positivistas Lógicos. Mas mesmo muito antes, o Movimento Britânico Empirista teve um papel fundamental na proliferação das ideias Newtonianas, as quais serviram de base para o surgimento do paradigma epistemológico do positivismo (Overton, 1991). Este novo conceito, o positivismo operacional vindo da física, colocava uma ênfase exacerbada no método empírico e operacional de pesquisa. Como a pesquisa experimental era difícil de ser aplicada ao fenômeno da consciência, o Behaviorismo que ferecia os elementos concretos para tal abordagem empirista estabeleceu-se como a "bola da vez" da psicologia (Brennan, 1982).

Apesar de o estadunidense J.B. Watson ser considerado o precursor do Behaviorismo, contribuições de outros acadêmicos como Sechenov, Pavlov e Konorski da escola russa da reflexologia tiveram sem dúvida sua importância na solidificação do comportamento como objeto de estudo da psicologia. No entanto, um dos nomes mais conhecidos desta escola é o do estadunidense B.F. Skinner. Não seria redundante ressaltar que o surgimento do Behaviorismo influenciou (e ainda influencia) outras áreas, de modo especial o marketing (Kotler & Keller 2006; Belch & Belch; 2004, Stokes, 2002), pois oferece uma maneira muito direta, apesar de simplista, de se entender o comportamento humano. Contudo, como veremos adiante, a teoria do Behaviorismo é profundamente permeada pelos achados de pesquisas em fisiologia, aliás, quase todos seus defensores têm um *background* no campo das ciências biológicas, com a exceção de Skinner que recebeu seu PhD em Psicologia pela Universidade de Harvard – mas que fazia experimentos com animais também. Porém, reduzir o comportamento humano a reações reflexas do tipo fisiológicas traz consigo alguns dilemas. Como os argumentos aqui expostos se direcionam ao marketing, mais especificamente, à propaganda, o que se examinará abaixo sempre que possível será relacionado a este aspecto.

Talvez dentre os russos behavioristas, a figura mais proeminente tenha sido Ivan Pavlov (1849 – 1936). Foi Pavlov quem surgiu com o modelo "estímulo-resposta" através de experimentos sobre salivação em cachorros. Grosso modo, a teoria do condicionamento clássico prega que um estímulo condicionador pode substituir um estímulo não-condicionado e provocar o mesmo tipo de comportamento no objeto (a palavra objeto é usada, pois tais experimentos foram feitos com animais e não seres humanos) que o estímulo não-condicionador provocaria, causando assim aprendizado por associação. O ponto chave do modelo estímulo-resposta está na temporalidade da conexão entre o estímulo condicionado e a resposta. Com a ausência do estímulo condicionador o condicionamento perde aos poucos seus efeitos – é neste argumento que se baseia o princípio da contiguidade. Paralelamente ao trabalho de Pavlov, Thorndike (1874 – 1949) surge com a "lei do efeito", a qual se baseia na ideia de que todo comportamento que desencadeia uma recompensa positiva tende a se perpetuar; todo comportamento que desencadeia uma recompensa negativa tende a ser eliminado. É daqui que surge também a ideia de reforço (muitas vezes abordada no campo da educação) e do conceito de *"satisfiers"* e *"disatisfiers"* ainda hoje mencionado em livros de "gurus" do marketing (Kotler & Keller, 2006, Stokes, 2002). Watson (1878 – 1958), mais do que um inovador, foi o responsável pela propagação do behaviorismo na academia e pela sustentação das ideias de Pavlov e Thorndike. Para Watson a psicologia deveria estudar o comportamento na ótica da reflexologia (estímulo-resposta) e deixar de lado a questão mental, da consciência, já que este fenômeno não seria passível de investigação propriamente científica (Brennan, 1982).

Do segundo momento da escola behaviorista, Skinner pode ser considerado como o seu maior expoente – suas ideias até hoje são bastante respeitadas e "aplicadas" em propagandas ou pelo menos se diz serem aplicadas – o autor já trabalhou em agência de publicidade e propaganda e não constatou muita cientificidade sendo aplicada no dia-a-dia destas empresas. Skinner rompe com a tentativa de se estabelecer uma teoria completa e sólida do comportamento e surge com o argumento de que é necessário deixar de lado a ideia de um agente mediador do comportamento, seja ele cognitivo ou fisiológico, e direcionar a atenção para o ambiente. Talvez ingenuamente, Skinner parte do princípio de que se controlando o ambiente, pode-se controlar o comportamento. É de Skinner que surgem termos como condicionamento operante e aplica-se mais fortemente o princípio do reforço (Brennan, 1982). Para outros behavioristas os impulsos são tidos como a causa do comportamento. No entanto, estes impulsos só se tornam ativos através da influência de estímulos provindos do ambiente.

Skinner rompe também com esta ideia afirmando que até mesmo o conceito de impulso é desnecessário. Para Skinner, as pessoas não atuam sobre o mundo, mas o mundo atua sobre a pessoa (Overton, 1991; Branch, 1977; Skinner, 1975; Ferster & Skinner 1957).

Apesar de ter influenciado bastante diversas áreas como a educação, treinamento militar, psiquiatria e o marketing, as ideias de Skinner são criticáveis de vários pontos de vista. Ao ressaltar a importância do reforço, Skinner apenas retoma um princípio já apontado por Thorndike (a lei do efeito). Além disso, os achados de suas pesquisas provêm de laboratórios controlados. Como ressaltam Eysenck & Keane (2007, p.473), "...a tomada de decisão na vida cotidiana é tipicamente muito mais complexa do que sob condições de laboratório". Ademais, a teoria behaviorista e suas variações são bastante criticadas, pois sofrem de inconsistências epistemológicas e incongruências argumentativas, ou como apontaria Koch (1981) que ferrenhamente criticou os princípios do behaviorismo, sofrem de uma "patologia cognitiva".

A ideia de se controlar o ambiente onde o ser humano vive é praticamente inconcebível, ainda que se utilize de uma subdivisão desse mundo (técnica conhecida como segmentação de mercado), já que o número de variáveis a serem controladas seria incomensurável. Além disso, a nsferência de conclusões científicas de pesquisas em animais (típico das ências naturais) e aplicabilidade das mesmas em seres humanos é bastante estionável, uma vez que se trata de sujeitos de pesquisa pertencentes a pécies diferentes. Este argumento vem ratificado em Cassirer (1994, p.46) enfatizar as ideias do biólogo Joahannes von Uexkuell:

> A realidade não é uma coisa singular e homogênea; é imensamente diversificada, e tem tantos esquemas e padrões diferentes quanto há organismos diferentes. Cada organismo é, por assim dizer, um ser monádico. Tem um mundo só seu porque tem uma experiência só sua. Os fenômenos que encontramos na vida de uma determinada espécie biológica não são transferíveis para nenhuma outra espécie. As experiências – e, portanto, realidades – de dois organismos diferentes são incomensuráveis um com o outro.

As ideias de Skinner, assim como as de basicamente todo behaviorista om a exceção de Edward Tolman que versou sobre aspectos cognitivos, orém de maneira bastante limitada), descarta aspectos mentais e subjetivos o comportamento humano como o simbólico, a linguagem, a tencionalidade, emoção, personalidade, atitude, apego, dentre outros; eduzindo o homem a um ser previsível e passivo e que reage apenas sob a fluência de seu ambiente, comparável a animais de outras espécies. odavia, como afirma Cassirer (1994, p.48):

Comparado aos outros animais, o homem não vive apenas em uma realidade mais ampla; vive, pode-se dizer, em uma nova dimensão de realidade. Existe uma diferença inconfundível entre as reações orgânicas e as respostas humanas. No primeiro caso, uma resposta direta e imediata é dada a um estímulo externo; no segundo, a resposta é diferida. É interrompida retardada por um lento e complicado processo de pensamento.

Na área do marketing, o behaviorismo ainda hoje é tomado como princípio norteador na elaboração de suas atividades. Consideremos propaganda. Muitos profissionais, mas também muitas pessoas leigas acreditam fortemente na ideia de que o estímulo da propaganda pode induzir ou condicionar o consumidor a comprar determinado produto. Deste ponto de vista decorrem vários dilemas:

1. Como decidir qual estímulo é mais adequado para influenciar milhares de pessoas que vem de *backgrounds* sociais e educacionais diferentes; têm gostos diferentes; possuem traços de personalidade diferentes? Isso considerando que a personalidade dos indivíduos permanece imutável durante toda sua vida.

2. Como controlar um ambiente quando este ambiente tem a dimensão não de um laboratório, mas de uma cidade? Quantas variáveis podem influenciar o processo de decisão do consumidor, dadas estas circunstâncias?

3. Como provar empiricamente através de uma relação de causalidade que foi exclusivamente uma propaganda que condicionou o comportamento de milhares de pessoas, ainda se considerássemos hipoteticamente que não existia nenhuma vontade ou necessidade prévia nestes consumidores antes de conhecerem a propaganda? Além disso, onde se encontra a recompensa recebida por meio de um comportamento "induzido" por uma propaganda, se na verdade existem sacrifícios feitos, que vão desde o tempo a ser desprendido ao montante de dinheiro a ser aplicado num processo de decisão de compra? O que muitas vezes já é motivo de desistência da compra.

4. Se falarmos de recompensa psicológica inconsciente (quando compramos uma experiência; férias no Havaí, por exemplo) não seria isso uma contravenção aos próprios princípios do behaviorismo?

5. Se a Coca-Cola parasse de fazer propagandas será que as pessoas deixariam de comprá-la? Ou se a Ferrari começasse a fazer várias propagandas será que seu consumo aumentaria?

6. Como estabelecer o limite de um reforço através da propaganda sem que este estímulo não cause efeito contrário ao desejado?

7. Mesmo que consideremos uma necessidade fisiológica como a fome. O estímulo visual de uma propaganda irá realmente impulsionar

alguém a comprar um determinado produto ou a comer? E se no meio do caminho para, digamos a Mcdonalds, alguém se deparar com uma tapiocaria e der vontade de comer a tapioca ao invés do *big mac*, pois talvez a tapiocaria a faz lembrar uma viagem interessante feita no passado? Como se explica esta mudança de decisão?

O Behaviorismo aplicado à esfera humana apresenta uma visão bastante reducionista do comportamento, apesar de que poderia servir como um referencial para explicações de comportamentos compulsivos, o qual é classificado segundo Faber & O'Guinn (1989) como sendo episódios crônicos do comprar de uma forma estereotipada, nos quais o consumidor se sente incapaz de se controlar ou parar de comprar. Mesmo assim, poder-se-ia argumentar que independentemente de estímulos do ambiente, de uma propaganda, um consumidor compulsivo engajaria no comprar de qualquer maneira, já que aqui se trata de uma desorganização comportamental que supostamente tem suas origens em aspectos multifacetados e aparentemente muito mais intrínsecos do sujeito do que extrínsecos.

Ao descartar outros aspectos da complexidade humana, o Behaviorismo reduz o sujeito a um ser mecânico e previsível. O problema é que previsibilidade é uma das características mais ausentes do ser humano e sto não é exceção no que concerne ao processo de decisão de compra que, or sua vez, pode ser considerado a resolução de um problema. É para esse ampo que nos voltamos agora.

VERSANDO SOBRE TEORIAS DA RESOLUÇÃO DE PROBLEMAS.

Poder-se-ia definir o conceito de "resolução de problema" como sendo uma tentativa de se chegar a um fim ou resultado esperado, utilizando-se de processos intra e interpsicológicos de forma consciente. Esta definição agradaria a muitos profissionais e acadêmicos de marketing e até mesmo de outras áreas, pois tal definição promete certa previsibilidade do comportamento humano, visto que as palavras "resultado esperado" e "de forma consciente" abrem espaço para a construção de modelos que representem os passos tomados por pessoas no processo de resolução de um mesmo problema.

Atrelado ao conceito de "resolução de problema" (RP) está o processo de decisão do consumidor. Ora, toda compra constitui um processo de resolução de um problema. Suponhamos que por influência de uma propaganda uma pessoa vá fazer compras num dado supermercado. Esta, sempre se deparará com momentos nos quais deve tomar uma decisão sobre qual produto ou se um dado produto é necessário para suprir as necessidades e/ou vontades, em contraposição, por exemplo, a uma necessidade de contenção de despesas. Aqui, variáveis como dificuldade financeira, produtos sejados versus produtos em conta, relações afetivas entre o comprador e s) consumidor (es) finais e até mesmo modelos de apego estão envolvidos ima simples viagem a um supermercado.

A escola da Gestalt foi um dos primeiros movimentos em psicologia contribuir para as teorias concernentes ao RP. Thorndike em 1898 realizou perimentos com gatos famintos em jaulas fechadas que tinham a sua frente n prato de comida. A partir das observações feitas sobre os gatos que depois ? certas tentativas conseguiam pegar o prato de comida, Thorndike constatou je os gatos tinham aprendido a fazê-lo através de um processo de "tentativa erro" – expressão bastante conhecida e até hoje utilizada por professores em ;colas. No entanto, posteriormente entre a década de 20 e 30, outros :adêmicos da Gestalt contestaram a posição de Thorndike afirmando que na erdade muitas espécies são capazes de utilizar o "pensamento produtivo" jue envolve a reestruturação do problema), ao invés de somente o pensamento reprodutivo" que se baseia em experiências anteriores, o que foi foco de pesquisa de Thorndike. Foi a partir deste conceito de pensamento rodutivo que nasceu o famoso termo "insight". A Gestalt influenciou astante outras teorias como a chamada "processamento da informação da esolução de problemas" (Ohlsson 1992 em Eysenck & Keane, 2007). Newell : Simon surgiram na década de 70 com a teoria da "abordagem computacional" que se baseia na ideia de que é possível produzir simulaçõ[es] sistemáticas da resolução de problemas humanos em computadores. Num[a] mesma linha de pensamento, Ormerod e Chronicle em 2001 desenvolvera[m] a teria de monitoração do progresso da qual se destaca as heurísticas gera[is] da resolução de problemas: heurística da maximização e monitoração d[o] progresso (Eysenck & Keane, 2007).

Tanto as teorias de Ohlsson, Newell e Simon e Ormerod e Chronicl[e] se baseiam no princípio do processamento da informação que, por sua vez, v[ê] o homem como um computador que processa e manipula símbolos. N[o] entanto, contra-argumentos ressaltariam que o ser humano, mais do qu[e] manipular símbolos, os cria e dá sentido aos mesmos através da linguage[m] (Foucault, 2005; Costa em Bezerra e Plastino, 2001; Cassirer, 1994; Overto[n] 1991). A teoria do processamento da informação e abordagem computaciona[l] possui pontos em comum pelo fato de se referirem à memória como element[o] importante do processo de resolução de problemas e também por tentare[m] descrever *passo-a-passo* como esse processo ocorre (Eysenck & Kean[e] 2007). Estes modelos são comumente tomados como referência por autore[s] renomados do marketing como base para entender o processo de decisão d[o] consumidor (Lovelock & Wirtz, 2006; Belch & Belch, 2004; Stokes, 2002) A crítica feita a modelos como estes está na inflexibilidade ou finitude em que o processo de resolução do problema é concebido em humanos, numa quase previsível racionalidade – interessantemente, tal argumento soa como uma versão metafísica do behaviorismo. Como se todas as pessoas passassem por etapas iguais diante da resolução de um mesmo problema. Até mesmo em se tratando de problemas de ordem matemática com regras e fins pré-estabelecidos, é muito improvável que esta uniformidade e estabilidade de processos decisórios se dê na prática; quem dirá em situações do cotidiano no mundo real. Ademais, mesmo que os seres humanos se comportassem como robozinhos previsíveis durante seus processos decisórios, de que serviria a influência da propaganda diante deste contexto? E se usássemos o modelo básico dos cinco estágios do processo decisório que se baseia na teoria do processamento da informação (identificação do problema, busca de informações, avaliação das possibilidades, compra e avaliação pós-compra) proposto em livros de marketing, poderíamos até especular que a propaganda certamente influenciaria pelo menos a etapa da "busca de informações". Mas isto só confirmaria o argumento de que a propaganda serve somente como meio informacional e daria ainda mais suporte à ideia da, com o perdão da redundância, autonomia individual de cada ser humano – afinal uma informação só me serve se eu posso fazer uso consciente da mesma e se a mesma tiver relação com meus interesses a priori.

Goldestein (2005) define "Resolução de Problema" (RP) como sendo uma meta a ser alcançada, a partir de um estado e meta inicial, com obstáculos a serem superados, cujos caminhos a serem adotados para a superação destes obstáculos não são claros. O mesmo autor ressalta diferenças entre problemas do tipo "puzzle" e aqueles vivenciados na vida real, de forma que as duas realidades não compartilham de muitos pontos em comum. Uma das explicações para esta comparação feita por Goldestein certamente está no fato de que a maioria dos experimentos feitos sobre RP se utilizou de operações do tipo matemáticas, com regras e um fim pré-estabelecidos, enquanto que na vida real RP ocorre frequentemente de maneira variante e com um fim não muito bem definido. Outras teorias cognitivas sobre a tomada de decisão como a da "utilidade esperada subjetiva" e a "teoria da expectativa", como também a abordagem "funcionalista social" (a qual tenta incluir aspectos sociais no estudo do processo de tomada de decisão), refletem estudos desenvolvidos em laboratório e que envolvem questões matemáticas probabilísticas, muitas vezes bastante difíceis e confusas, para analisar como se dá a tomada de decisão das pessoas (Eysenck & Keane, 2007). O problema de tais abordagens é que seus achados se baseiam numa realidade distante das do sujeito, os mesmos apenas seguem regras preestabelecidas, podendo não estar completamente envolvidos emocionalmente e podem simplesmente escolher uma opção não porque o faria na prática, mas porque matematicamente é a mais fácil de compreender no momento da pesquisa – admitir não saber do que se trata a questão, dependendo da cultura onde se desenvolve a pesquisa, seria ferir o próprio orgulho.

Peguemos os exemplos da teoria da "utilidade esperada subjetiva" e a da "expectativa" como premissas para questionar a utilidade de uma propaganda na indução do consumidor à compra. A primeira baseia-se na ideia de que o ser humano ao tomar uma decisão segue a seguinte fórmula: utilidade esperada = probabilidade de um determinado resultado X utilidade do resultado (Eysenck & Keane, 2007). Em outras palavras, o indivíduo vai calcular se a utilidade de um resultado multiplicado pela probabilidade deste resultado acontecer se igualará às suas expectativas. Daí, derivam as seguintes indagações: quem perderia tempo com estes tipos de cálculos, ainda que fossem feitos subjetivamente durante um processo de decisão de escolha entre uma ou mais opções? E mesmo se o fizesse, qual a probabilidade de se saber com precisão a probabilidade de que um resultado multiplicado pela sua utilidade vai se igualar às expectativas prévias de alguém? Onde a propaganda poderia influenciar este processo de decisão, se para criar certa expectativa é necessário ter o conhecimento prévio do que se quer comprar? Também a se considerar é o fato de que a decisão por este ou aquele produto incluirá outros aspectos já mencionados anteriormente. Alguém ainda poderia contra argumentar que a propaganda serve justamente para criar a tal expectativa, o que não seria incorreto de todo. Mas a expectativa "gerada" pela propaganda não seria proporcional à importância que uma pessoa dá previamente a um determinado evento ou objeto? E de que adianta criar uma expectativa no consumidor se o mesmo não tem dinheiro pra consumir ou se existe um produto que talvez não seja de certa marca, nem produz efeito similar, mas é mais barato? E mesmo se alguém esbanje dinheiro, o que determina o nível de utilidade de algo não é uma propaganda e sim cada pessoa e de forma individualizada. Afinal o que é bom pra mim, não o é necessariamente para outros.

A teoria da "expectativa", por outro lado, afirma que "as pessoas" dão muito peso a probabilidades muito pequenas, o que, segundo Eysenck & Keane (2007), explica a tendência humana para a busca de risco com ganhos e a evitar risco com perdas. Bem, a este argumento apenas algumas críticas são suficientes. Primeiro, os estudos que deram suporte a esta teoria recaem no mesmo problema anteriormente citado da realidade artificial de laboratórios que não corresponde ao mundo real. Segundo, seus achados, com a permissão do coloquialismo, são sutilmente generalizados para todos os mais de 7 bilhões de habitantes do mundo quando tomam a expressão "as ssoas" como verdade generalizada a todas as culturas. Terceiro, se as :ssoas dão peso a probabilidades muito pequenas e por isso procuram riscos m ganhos e evitam riscos com perdas o que tal afirmação realmente nos diz não o fato de que existe uma probabilidade de escolha? Afinal escolher um co com ganhos vai depender de onde se coloca a ênfase valorativa da obabilidade; no risco ou no ganho? Da mesma forma, evitar riscos com erdas. Se assim não fosse, esportes radicais como as fórmulas race, otocross, bungee jumping, basejump, skydiving, esquiar, participar da festa s bois e rodeios, engajar em atividades aparentemente comuns, como andar : bicicleta nas ruas de cidades grandes como São Paulo, dirigir na BR101, uminhar nas ruas do Rio de Janeiro e do Recife, sair no bloco do Galo da Iadrugada, entre tantas outras, não teriam tantos adeptos, como também os anos de seguro de vida não existiriam. As vendas de carro não teriam umentado no Brasil em plena crise financeira mundial, como também o úmero de poupadores convencionais. Os habitantes da região afetada pelo 'sunami não insistiriam em continuar vivendo no mesmo lugar. As pessoas ão teriam medo de andar de avião, tampouco andariam de carro, pois a robabilidade de acontecer um acidente viajando de carro é muito maior do ue a de viajando de avião – pelo simples fato de que existem mais carros do ue avião circulando e mais imprudência ao volante também. Os exemplos que contrariam a teoria da "expectativa" seriam incontáveis, como ainda a[o] argumentos de Tversky & Kahneman (1974) sobre "julgamentos s[o] incerteza", os quais apontam aspectos como *procedimentos heurístic[o]* individuais que influenciam processos decisórios frente à resolução [e] problemas probabilísticos. Ademais, num contexto assim a função [e] propaganda continua sendo a de fornecer informações, mas a escolha final d[o] consumidor vai depender de muitas outras variáveis como o medo e a raiv[a] (tenha-se raiva não no sentido do senso comum, mas de temperament[o] agressivo, mas nem mesmo violento), como proposto por Lara (2006).

Alguns estudos associam o raciocínio lógico ao processo de resoluçã[o] de problemas como é o caso de Overton (1990) que afirma que os sere[s] humanos tendem a resolver problemas decisórios de forma racional, o[u] melhor, utilizando-se de um processo chamado raciocínio dedutivo. Em se[u] livro intitulado "Reasoning Necessity, and Logic: Developmenta[l] Perspectives", Overton oferece um exemplo sobre o processo de decisão d[e] pilotos de um avião que sofreram um acidente indo do Alaska para a Coréi[a] do Sul. Em resumo, o erro foi humano e o autor ressalta o fato de que se o[s] pilotos tivessem usado o raciocínio dedutivo o acidente não teria acontecido[.] Na verdade, o que o autor fez ao usar este exemplo é justamente reforçar [o] fato de que os seres humanos não são tão racionais como parecem e que [o] comportamento humano pode variar imprevisivelmente diante de um problema teoricamente simples ou de rotina a ser resolvido. Gardner (2003, p.380) afirma que

> Trabalhos empíricos sobre o raciocínio nos últimos trinta anos desafiaram severamente a noção de que os seres humanos – mesmo os sofisticados – procedem de maneira racional, e ainda mais a de que eles invocam algum cálculo lógico em seu raciocínio.

E ainda,

> ... pesquisadores não apenas desenvolveram demonstrações atordoantes de que os humanos abandonam a racionalidade; eles também forneceram explicações das razões pelas quais nós humanos frequentemente seguimos a direção errada da forma que o fazemos.

Em consonância com estes argumentos, Damásio (2003) enfatiza que as emoções são um meio natural de avaliar o ambiente em que vivemos e de reagir de maneira adaptativa a este ambiente. Desta forma, ainda que admitíssemos a possibilidade de que a propaganda induz o consumidor a comprar determinado produto ou serviço, é plausível afirmar que mediante uma situação de resolução de problemas (decisão de compra, por exemplo), o ser humano, dependendo de como tal situação o envolve emocionalmente, não durante a propaganda, mas durante a compra, vai ser influenciado justamente por estas emoções na sua decisão do que fazer. Roazzi & Dias (no prelo), afirmam que o estado de ânimo de uma pessoa também interfere no processo de decisão da mesma, já que "os sujeitos em condições emocionais específicas tendem a filtrar estímulos focalizando a atenção em aspectos da situação coerentes com o atual estado de ânimo" (2007, p.22). E se o estado de ânimo de uma pessoa determina quais estímulos são filtrados por ela, é plausível afirmar que qualquer influência que uma propaganda possa exercer sobre o processo decisório do consumidor é relegada ao acaso, assim como a probabilidade de que os estímulos de uma dada propaganda coincidam com o estado de ânimo que permita a aceitação de tais estímulos. Isto em se tratando de uma única pessoa. É de se questionar o quão complexa essa realidade se torna ao se pensar num universo de milhares de pessoas.

Em contraste com as afirmações acima, ainda assim boa parte da literatura em marketing (Kotler & Keller 2006; Pickton & Broderick, 2005; Chernatony & McDonald, 2005; Belch & Belch, 2004; Stokes, 2002) enfatiza muito mais modelos estáticos e fixos imbuídos das teorias do processamento da informação e abordagem computacional.

Marketeiros e acadêmicos da área pecam ao desconsiderar elementos como gestos e reconhecimento heurístico, no entendimento de como se dá o processo de resolução de problemas de consumidores (aqui visto como o processo de decisão de compra). Garber & Goldin-Meadow (2002) afirmam que quando as pessoas pensam, elas também gesticulam e que a maioria das pessoas quando se depara com a resolução de um problema não verbaliza o que está pensando. Desta forma, gestos podem se tornar uma poderosa fonte de informação a respeito dos pensamentos mais implícitos do sujeito. Reimer & Katsikopoulos (2004) apontam que em processos de decisão em grupos, é falsa a afirmação de que quanto mais informação disponível, melhor e mais acurada será a decisão do grupo – inclua-se a família neste contexto. Na verdade, o que acontece é o uso de reconhecimento heurístico que consiste na produção de inferências a partir de tempo e informação limitada e que provocam o fenômeno chamado pelos autores de *"less-is-more effect"* (menos tem mais efeito). Aqui até o princípio da simples exposição (Roazzi & Dias, no prelo) se torna questionável, assim também como a ideia de que quanto mais estímulos, mais haverá respostas. Desta forma, a repetição contínua de uma propaganda poderia até mesmo influenciar negativamente o consumidor. Simon (1959) propõe a teoria da racionalidade limitada para elucidar o fato de que os limites cognitivos de um indivíduo que toma uma decisão fazem com que este indivíduo recorra a um modelo simplificado da realidade na qual o mesmo está inserido. Talvez seja plausível dizer que o indivíduo construa um modelo simplificado da realidade, mas mesmo assim o processo de simplificação da realidade utilizado pelo indivíduo e os critérios adotados para a tomada de decisão ainda permanecem bastante complexos e vão variar de pessoa para pessoa. Tantas facetas a serem consideradas acabam tornando impossível a predição de um modelo para a representação do processo de resolução de um problema único e comum a todos.

Levando em conta esta imprevisibilidade do fenômeno humano, Silva (2005) tece duras críticas aos princípios "científicos" norteadores do marketing, principalmente no que concerne a teorias do comportamento do consumidor e seu processo de decisão. Roazzi & Dias (no prelo) afirmam que

> Os resultados das pesquisas realizadas nos últimos trinta anos constituem um notável testemunho de como o comportamento decisional dos indivíduos se diferencia sistematicamente dos modelos prescritivos das teorias das decisões... (2007, p.15).

Estes autores, assim como Reimer & Katsikopoulos (2004) e Tversky & Kahneman (1974), reforçam a tendência humana de se utilizar estratégias que sejam compatíveis com a complexidade da tarefa e as limitações da capacidade humana de armazenar e elaborar informações.

De uma forma geral, em torno de como se dá na prática o processo de resolução de problemas do ser humano existem muitas argumentações científicas apontando para várias direções. No campo do comportamento do consumidor, muito ainda há de se percorrer. Outras variáveis, como o apego,

...nda são escassas em estudos referentes ao comportamento do consumidor e pouco ou nada consideradas como elementos que possam influenciar ou até mesmo determiná-lo. Contudo, o autor acredita que estilos de apego desenvolvidos nos primeiros anos de vida do indivíduo podem determinar como será seu comportamento enquanto consumidor e, por consequência, seu processo de decisão de compra.

ESTILOS DE APEGO COMO AGENTES INFLUENCIADORES NO PROCESSO DECISÓRIO DE COMPRA.

Durante os primeiros anos de vida o indivíduo estabelece um víncul[o] afetivo com a pessoa que cuida dele (a). Pessoa esta que irá se tornar a bas[e] segura a qual a criança tomará como referência durante seu processo d[e] desenvolvimento afetivo, da formação conceitual de "self" e do outro e par[a] futuros relacionamentos. Em geral essa pessoa é a mãe, mas pode s[er] representada por outras figuras que venham a desempenhar o papel de curado[r] da criança (Bowlby, 1969, 1973, 1980). Na literatura é comum se referir [a] essa pessoa como a figura de apego, pois é a partir do tipo de relacionament[o] estabelecido entre esta díade que se desenvolvem os estilos de apegos, o[s] quais foram classificados segundo Ainsworth et al. (1978) como: apeg[o] seguro, apegos inseguros do tipo ansioso-evitante e ansioso-ambivalente[.] Main & Solomon (1986) acrescentaram a esta classificação, o apeg[o] desorganizado. Roazzi & Dias (no prelo) enfatizam que existem evidências de que a sintonia da comunicação afetiva entre a mãe (ou figura de apego) [e] a criança pode ocasionar modificações neurais que interferirão na estabilidad[e] da vida emocional de uma pessoa (2007). De tal forma que se um indivídu[o] que desenvolve apego desorganizado, por exemplo, terá níveis de cortiso[l] mais elevados do que o normal e que isso associado a cuidados insensíveis acarretarão anomalias neuroevolutivas, provocando um déficit na capacidade de mentalização. Estes autores ainda sublinham que o apego influencia o desenvolvimento afetivo e os processos cognitivos de um indivíduo. Minzi (2006) e Bee (1996) argumentam que quando a figura de apego responde de forma positiva às demandas da criança, aquela (e) nutre o desenvolvimento social competente da criança que é fundamental para o autocontrole e o desenvolvimento cognitivo. Outras variáveis como autoestima, desempenho acadêmico, atitudes positivas em relação ao trabalho, relacionamentos futuros e comportamento social também são influenciados pelos estilos de apego desenvolvidos na infância (Minzi, 2006; Boschert, 2004; Sullivan, 2004).

Uma vez que na resolução de problemas como a decisão de compra são envolvidos processos cognitivos como atenção, percepção e memória e que os estilos de apego, desenvolvidos a partir da relação entre a figura de apego e a criança, podem determinar os tipos de relacionamentos que se estabelecerão no futuro. É então plausível afirmar que o entendimento sobre os estilos de apego e suas respectivas consequências para o comportamento humano é de extrema importância, uma vez que não se pode entender um indivíduo, o qual está inserido num mundo complexo, que transforma este mundo e é transformado pelo mesmo, sem levar em conta suas várias dimensões (Roazzi, 1995). Ademais, as relações humanas fazem parte deste complexo universo humano e influenciam o processo de decisão de compra do sujeito.

Peguemos como exemplo os estilos de apego desorganizado e evitante que caracterizam o indivíduo por apresentar incoerência entre seu comportamento e pensamento, comportamentos de medo, hostilidade e atitudes depressivas ou narcísicas (Roazzi & Dias, 2007 no prelo; Bee, 1996). Se usarmos o modelo tradicional do ciclo de resolução de problemas mostrado anteriormente, o qual apresenta uma sequência ordenada e lógica do comportamento humano, seria muito improvável que este modelo corresponderia a um modelo adotado por um indivíduo que desenvolveu um estilo de apego desorganizado ou evitante. O medo de engajar num processo decisório ou até mesmo uma atitude narcisista poderia mudar completamente a ordem das etapas deste modelo ou até eliminá-las. Um modelo fixo assim não considera variáveis que influenciam processos afetivo-cognitivos, como é o caso do apego. Tomando o Behaviorismo como referência, por mais que se admita que a propaganda possa determinar o comportamento de um consumidor que apresente estilos de apego evitante ou desorganizado, ainda assim, a imprevisibilidade do processo decisório deste consumidor não oferece evidências lineares suficientes ao marketeiro para que ele possa ssumir que controlando o ambiente ela obteria êxito na indução do onsumidor através do estímulo de uma propaganda.

Se usarmos como referência tanto o conceito de "pensamento eprodutivo", quanto o de "pensamento produtivo" (Eysenck & Keane, 2007), encontra-se base para argumentar que o desempenho de pessoas com estilos de apegos diversos e a maneira pela qual essas pessoas se engajam no processo de resolução de um mesmo problema variaria consideravelmente, uma vez que o pensamento reprodutivo envolve a reutilização de experiências anteriores. O mesmo ocorreria se usarmos a perspectiva do pensamento produtivo, uma vez que este processo envolve a reestruturação do problema e cada indivíduo também se apoiará nas suas próprias experiências anteriores para assim fazê-lo – ninguém parte de um vácuo existencial para resolver um determinado problema que, por sinal, também está inserido num contexto pré-estabelecido. Destarte, na melhor das hipóteses, seria somente plausível afirmar que a propaganda é um dentre tantos outros elementos a serem considerados, os quais influenciam o processo decisório do consumidor, e não o aspecto central ou mais importante. Todavia, uma pergunta ainda permanece sem resposta.

A PROPAGANDA INFLUENCIA A DECISÃO DE COMPRA DE FORMA DETERMINANTE OU NÃO?

Quando um ser humano se depara com um problema, a sua maneira de resolvê-lo, as etapas percorridas, as estratégias utilizadas pelo mesmo para se chegar a uma solução parece estar longe de ser um fenômeno passível de ser compreendido de maneira simplória. Como argumentado até agora, evidências de vários estudos apontam para o fato de que indivíduos desenvolvem seus próprios estilos ao engajarem na resolução de um mesmo problema – apesar da tentativa de alguns modelos em uniformizar o comportamento humano. Olhando por outras perspectivas, como a teoria do apego, o argumento acima parece apenas se confirmar. No entanto, considerando o fato de que o ser humano desenvolve determinados estilos de apego durante a infância e que estes estilos fortemente influenciam os processos cognitivos e o comportamento humano; poder-se-ia então especular se consumidores que compartilham do mesmo estilo de apego, ao se depararem com a resolução de um mesmo problema (a decisão de compra) apresentariam também estilos ou modelos estratégicos semelhantes de resolução do dado problema. Mesmo assim, qual relevância isso teria para a elaboração de uma determinada propaganda, já que a função da propaganda é vista como a de servir como estímulo para a compra? Ademais, considerando que uma propaganda é elaborada para milhares de pessoas, que por sua vez apresentam vários estilos de apego, como elaborar e delimitar estímulos da propaganda de tal forma que ela atinja um grupo de pessoas que apresentem o mesmo estilo de apego? Finalmente, seria possível garantir que pessoas de um mesmo grupo social realmente apresentam o "mesmo" estilo de apego? Que estas pessoas codividem exatamente todos os elementos pertencentes a cada classificação de apego? Ou que somente pessoas com um determinado estilo de apego pertençam ao grupo *target* para o qual um determinado produto foi criado? E ainda, o que garante que as classificações de Ainsworth et al (1978) e Main & Solomon (1986) refletem consistentemente a complexidade do desenvolvimento socioafetivo do ser humano brasileiro?

Como enfatizado na introdução e nesta revisão de literatura do presente trabalho, muitos princípios do marketing são baseados na teoria behaviorista e do processamento da informação, esta última resumida muitas vezes como uma teoria cognitiva da aprendizagem. Alguns aspectos mais amplos como a cultura, classe social, grupos de referência são também considerados de forma geral (Kotler & Keller, 2006; Pickton & Broderick, 2005, Belch & Belch, 2004). No entanto, quando dos específicos, como no caso da propaganda, aparentemente dá-se mais ênfase a modelos estáticos.

Por exemplo, na elaboração de propagandas um modelo do processo de comunicação bastante usado como referencial segue a seguinte ordem: emissor – (codificação) mensagem – mídia – receptor (decodificação) *loc* emissor. Outro modelo bastante utilizado é o da hierarquia dos efeitos que também estabelece uma ordem sequencial de atividades promociona (entenda-se promoção não como liquidação, mas como estratégias d comunicação) com o objetivo de induzir o consumidor aos seguintes estágio: conhecimento – interesse – desejo – ação (Piedras, 2006). E tambér elementos como a credibilidade, atratividade e o poder da fonte[1], a estrutur e o apelo da mensagem (Giglio, 2004) que se apoiam em conceitos como processo de identificação e internalização (este último, aparentemente com na perspectiva de Vygotsky (1978)). Alguns autores de renome na área d comunicação e propaganda (Pickton & Broderick, 2005, Belch & Belch 2004) podem abordar um mesmo aspecto de forma bastante diferente, o qu torna confuso o entendimento destes modelos e suas reais utilidades. Apesa da tentativa desses autores de enfatizarem a importância de certos aspecto socioculturais para a elaboração de atividades promocionais, os modelos referenciais usados (acima mencionados) para a elaboração de propaganda:

---

[1] Equivalente ao conceito de modelo segundo a teoria da aprendizagem social ou social cognitiva, as quais possuem fortes traços do behaviorismo (Bee, 1996, Bandura, 1986)

ue são ou pelo menos deveriam ser considerados por profissionais da área, o final se tornam produto de uma miscelânea de princípios. Princípios estes provindos de várias teorias, sem uma preocupação pormenorizada de aspectos mais específicos e individualizados do ser humano, como, por exemplo, o processo de desenvolvimento afetivo, cognitivo e social do indivíduo conjuntamente e suas implicações para o comportamento e o processo de socialização. Ademais, abusando da redundância, tais modelos e referenciais têm uma forte influência de perspectivas mecanicistas do ser humano.

A possível ilusão da influência determinante da propaganda no processo de decisão de compra está no fato de se assumir cegamente que o estímulo veiculado pela propaganda serve como um gerador de uma necessidade, quando na verdade, o autor acredita que seja uma combinação de vários fatores (biogênicos, psicogênicos, sociais, culturais, intelectuais, inconscientes, etc.) anteriores à propaganda que o impulsiona a comprar. Além do mais, vivemos numa sociedade capitalista onde tudo, desde saúde até diversão, é um produto a ser comprado. Ou seja, comprar nos tempos atuais é uma realidade inevitável. A propaganda serviria "simplesmente" como um agente fornecedor de informações sobre como, onde e quando se obter determinados produtos que podem ou não coincidir com uma necessidade ou vontade específica do consumidor. A propaganda pode até prometer ilusões (como ficar mais atraente) ao consumidor por meio da compra de um determinado produto, mas visto que o ser humano é até mesmo capaz de romper com vícios, o comprar tal produto apenas refletiria a escolha inicial de valores básicos para nossas vidas. Existe uma série de outros fatores incontroláveis ao marketeiro ou publicitário, como o estado emocional do consumidor antes e durante o processo de decisão da compra, a influência de amigos, da família, de parceiros, a condição financeira do consumidor (aspecto bastante importante da realidade brasileira), fatores beneplácitos, valores pessoais, entre outros. Fatores estes que podem ser determinantes na hora da tomada de decisão do consumidor e que pode levá-lo a tomar decisões completamente diferentes daquelas esperadas *a priori*. Somos bombardeados por milhares de propagadas todos os dias, mas nem por isso respondemos aos estímulos veiculados por elas. Até mesmo nas sociedades ditas como materialistas (o autor viveu na Alemanha, na Itália e na Inglaterra por sete anos) onde "o ter" é quase uma religião, não se pode afirmar que o marketing através de propagandas foi responsável pela emergência desta realidade, nem tampouco é responsável por sua sustentação. Por mais condicionamentos que possamos ter, ainda assim aparentemente é possível escolher quem queremos ser ou nos tornar e isso determina também o que nós permitimos nos influenciar. Assim, uma propaganda só poderá me influenciar a comprar um produto se eu assim a permitir e se isso ampliar ou fizer parte dos valores que eu pré-determinei para mim mesmo. Mesmo assim, esta influência talvez não passe de uma pseudo-influência; uma possível explicação para justificar o meu comportamento. Todas essas considerações logicamente partem do princípio de que estamos falando de estados humanos não psicopatológicos.

Ademais, não existe consenso entre os pesquisadores da área em relação aos efeitos da propaganda. Ora uns afirmam que esta tem poder de persuasão sobre o consumidor, ora outros afirmam que não (Willemsens, Perin & Sampaio, 2006). E mesmo os que defendem a propaganda, como meio eficaz de persuadir o consumidor a comprar, muitos se utilizam de argumentos baseados no conceito de *likability* (anteriormente já criticado) e teorias da probabilidade, as quais têm limitações diversas quando concernente ao comportamento humano. Alguns autores como Heath & Nairn (2005), afirmam que estímulos da propaganda podem atuar de forma tardia, prolongada e inconsciente através do que eles chamam de memória implícita e aprendizagem implícita. No entanto, esses autores se baseiam em poucas referências sobre o efeito da memória sobre afetividade e emoções, além de trazerem à tona afirmações bastante subjetivas sobre níveis de atenção do consumidor, como também pouco explicam por que exatamente somente em baixos níveis de atenção as memória e aprendizagem implícitas dos consumidores são "acionadas". Outras contradições sobre os efeitos poderosos da propaganda persistem, como no caso do "DTC Advertising" nos EUA (Spake & Joseph, 2007). Ademais, se considerarmos o inconsciente de cada consumidor, que o mesmo age de forma específica e desconhecida a olho nu, que diferença na prática há em afirmar que foram os efeitos tardios da propaganda absorvidos através das memórias implícitas ou o inconsciente dos consumidores que os fizeram comprar um determinado produto? Se as afirmações de Heath & Nairn (2005) forem verdadeiras, então aceitar que propagandas elaboradas conscientemente por um grupo de pessoas podem influenciar decisivamente o inconsciente de outras, com o perdão do sarcasmo, seria uma façanha de difícil explicação até mesmo para Freud.

Como afirma um publicitário entrevistado no estudo feito por Piedras (2006, p.10), "há indícios de que as pessoas não se deixam mais enganar... Eu tenho que buscar o consumidor porque ele não quer mais ver propaganda" – ou será porque ele nunca deu mesmo a tão desejada atenção às propagandas? Em congruência com os argumentos acima, Maman (2006) enfatiza que apesar de massivos investimentos em propaganda e na crença do poder deste instrumento, temos assistido nos últimos anos ao desaparecimento de inúmeras empresas: Mappin, Mesbla, VASP, Transbrasil, Banco Econômico, Banco Bamerindus, Credicard, Vésper, Bancol, Balaio, entre outras recentes mo a VARIG. Maman (2006 p.2) ainda aponta o fato de que agências publicitárias como a WBrasil, DPZ e Fischer América "criam peças publicitárias focadas em princípios de sedução e envolvimento do consumidor, propagandas estas com pouca ou nenhuma relação com a realidade". Enfatizando um ou outro aspecto, tanto Maman (2006), quanto Pedras (2006), Giglio (2004) e Willemsens, Perin & Sampaio (2006), aqui e ali ressaltam elementos importantes como ceticismo do consumidor em relação a propagandas e fatores como valores, família, sinceridade, qualidade e preço do produto que influenciam a decisão de compra do consumidor e que devem ser considerados por profissionais da área. Num estudo sobre produtos que não danificam o ambiente e sua influência sobre a decisão de compra do consumidor recifense, Melo, Costa & Leite (2007) apesar de argumentarem que a propaganda pode servir como meio eficiente de divulgação da prática eticamente correta de empresas e de conscientização do consumidor da importância de proteger o meio ambiente, em seu estudo a maioria dos participantes indicou a qualidade e o preço como sendo os fatores mais importantes na compra de um produto. Estes achados, adicionando-se também à lista o elemento "disponibilidade do produto no mercado", estão em consonância com estudos feitos fora do Brasil (Carrigan et al., 2004;

Bahskaran & Hardley, 2002; Carrigan & Attalla, 2001; Shaw & Clarke, 199 Yam-Tang & Chan, 1998).

O ser humano não pode ser visto como um objeto mecânico qu responde a estímulos de forma automatizada. Até mesmo se usarmos a ótic psicanalítica (Shaffer, 2002; Bee, 1996) sobre os impulsos e instintos, possível inferir que somos um pouco mais que animais comuns. O ser human tem "impulsos" sexuais, mas se fosse recorrer ao ato sexual toda vez qu recebesse um estímulo desta natureza ou sentisse um impulso para isso, noss sociedade estaria severamente comprometida no aspecto da saúde, d trabalho, entre outros. Tampouco somos providos de uma caixa pret localizada no crânio onde um *input* se dá e num passe de mágica do outr lado temos o *output*. Certamente existem muitos fatores referentes a comportamento humano alheios ao conhecimento científico acadêmico, não passíveis de mensuração e que talvez nunca sejam desvendados por meio d pesquisas, sejam elas empíricas ou não. Desta sorte, dizer que a propagand funciona na indução (ou persuasão) do consumidor a comprar, tomando com base uma simples relação estímulo-resposta ou modelos estáticos de tomad de decisão, é paradoxalmente adotar uma posição "científica-surreal". Mesm considerando-se outros aspectos como valores, família, sinceridade relevância, amor, etc., na elaboração de propagandas não existem garantia e que estas persuadirão ou induzirão o consumidor a comprar. Afinal, quando se trata de propaganda, se fala de consumidor no plural e neste contexto o sentido de amor, valor pessoal, família, relevância do produto não são passíveis de controle por parte de quem elabora a propaganda, mas sim de quem produz o sentido. Mesmo com o aumento de profissionais e acadêmicos que se utilizam de métodos qualitativos e abordagens "criativas" para entender o consumidor (Piedras, 2006), dificilmente será possível criar modelos abrangentes que representem os processos decisórios de um grupo de consumidores.

No entanto, apesar de uma análise crítica filosófica sobre teorias que abrangem o domínio do comportamento do consumidor e da propaganda ser fundamental para um melhor entendimento da realidade daquele, é necessário sair do campo da especulação e partir para o campo da exploração científica. Desta forma um estudo empírico se tornou necessário para um entendimento mais profundo do comportamento do consumidor. E considerando a necessidade deste suporte empírico para os argumentos aqui expostos o presente projeto de pesquisa foi elaborado, juntamente com seus problemas e hipóteses. É importante ressaltar ainda, que apesar da tendência crítica contra a crença dos poderes indutores da propaganda aqui expostas, o presente trabalho não partiu do pressuposto de uma única hipótese possível. Ademais, esta iniciativa por ser influenciada pela visão de mundo do autor, não só não parte da crença de que a realidade está pronta e acabada e deve ser "fotografada" como ela é, como também, enfatiza a importância de se entender o ser humano a partir de seu próprio entendimento de mundo e contexto sociocultural.

A argumentação acima parte das premissas da Teoria das Relações Sociais (TRS), a qual enfatiza a importância de se trabalhar com o pensamento social em sua dinâmica e diversidade. A TRS sublinha o fato de que existem formas diferentes de conhecer e de se comunicar (Arruda, 2002). Inicialmente, foi Durkheim quem deu as primeiras delineações ao conceito da TRS.

> Para ele, "*os primeiros sistemas de representação que o homem fez para si do mundo e de si mesmo são de origem religiosa*" (Durkheim, 1998:154). Essas representações, segundo esse autor, "*traduzem a maneira como o grupo se pensa nas suas relações com os objetos que o afetam*" (Durkheim, 1999:79). (Gomes, Mendonça & Pontes, 2002, p.1208).

No campo da psicologia Moscovici (1978) parte da premissa de que não há um corte dicotomizante entre o mundo exterior e interior do indivíduo e ressalta a importância das interrelações sujeito-objeto e sujeito-sujeito (Gomes, Mendonça & Pontes, 2002).

Foi baseando-me em tais premissas que o método dessa pesquisa foi determinado, como demonstrado mais à frente, pois o mesmo é uma tentativa de se abordar o mesmo fenômeno por caminhos diferentes, mas não-dicotômicos e sim complementares. Caminho este que considera deveras importante o contexto social dos participantes e suas mútuas interações e influências. Ademais, o método permite a participação ativa dos participantes, não pretende ignorar a perspectiva do pesquisador, mas amplia a possibilidade de se investigar o fenômeno a partir da visão de mundo dos pesquisados.

Nossa pergunta central foi: propaganda tem influência determinante na decisão de compra do adolescente brasileiro recifense? A partir dessa indagação definimos então nossas hipóteses:

- A propaganda não tem influência determinante na decisão de compra do adolescente brasileiro recifense
- A propaganda tem influência determinante na decisão de compra do adolescente brasileiro recifense.

Verificar, a partir da opinião do pesquisado, se a propaganda exerce influência determinante sobre suas decisões de compra, se caracterizou como nosso objetivo central. Desse, derivaram os seguintes objetivos específicos:

- Identificar o que, segundo os participantes, influencia suas decisões de compra
- Identificar quais as atividades/hobbies preferidos pelos adolescentes
- Identificar, a partir da opinião do pesquisado, se a propaganda tem algum peso para decisão de compra deles
- Identificar, a partir da opinião do pesquisado, se a propaganda tem algum peso para decisão de compra dos amigos dos adolescentes pesquisados
- Identificar quais são os produtos e as marcas de preferência do consumidor adolescente e se a propaganda é apontada como motivo para escolha das marcas
- Identificar as possíveis relações existentes e diferenças entre grupos, considerando as influências na decisão de compra e as atividades/hobbies apontadas pelos pesquisados

MÉTODO

Participantes

Foram incluídas duas escolas na pesquisa, sendo uma pública e outra particular, com o intuito de abranger de forma mais ampla as classes sociais que compõem a estrutura socioeconômica do Recife. Esta decisão foi baseada no fato de que pessoas de níveis socioeconômicos diferentes apresentam diferentes formas de comportamento, como também são expostos a maneiras diversas de influências midiáticas e educacionais. Outro critério utilizado foi a idade do participante e o gênero. Foram incluídos no estudo adolescentes provenientes dos 2º e 3º anos científicos (hoje denominado ensino médio), as quais incluem alunos das classes sociais entre "A2" (R$6.563,73) e "D" (R$484,97) (segundo a classificação da ABEP, 2007). As escolas escolhidas foram o Colégio Nossa Senhora do Carmo no bairro da Boa Vista e a Escola Estadual Motta e Albuquerque no bairro de Casa amarela. A inserção de ambos os sexos se torna importante, pois a psicologia feminina e a masculina apresentam características diferentes em vários aspectos comportamentais e sócio relacionais que podem se refletir na maneira como estas pessoas concebem influências externas, as quais possam determinar seus comportamentos enquanto consumidores. Mesmo com a delimitação inici[al] baseada no ano de escolaridade do aluno (a), foram incluídos no estu[do] somente adolescentes na faixa-etária de 15 a 18 anos. Os motivos para es[sa] decisão foram: 1. Em escolas públicas pode ocorrer que pessoas com mais [de] 18 anos ainda estejam cursando o científico (portanto, não mais seria[m] considerados adolescentes) – baseado neste critério, sete alunos com idade[s] entre 20 e 23 anos não foram considerados nas análises dos dados des[ta] pesquisa. 2. Na faixa-etária 15-18 anos os adolescentes tendem a ser ma[is] independentes no que concerne ao sair só e com amigos, e nas suas decisõe[s] de compra do que aqueles mais jovens. Muitos possuem alguma forma d[e] recurso financeiro, seja proveniente dos pais (a chamada mesada), seja atravé[s] de emprego próprio ou "estágios" de meio expediente. O número final d[e] participantes da pesquisa foi de 74 alunos; sendo 28 do sexo masculino [– média de idade 16.22 (DP.78) e 16.88 (DP .78) para escola particular [e] pública, respectivamente - e 46 do sexo feminino média de idade 16.1[9] (DP.75) e 16.88 (DP .60) para escola particular e pública, respectivamente[.] Vários aspectos como, disponibilidade dos alunos, tempo necessário para [a] coleta dos dados, permissão por parte da administração das escolas e dos pais[,] acarretaram atrasos e uma diminuição do número de participantes que [a] princípio era esperado em torno de cem pessoas.

As famílias dos alunos (as) participantes da pesquisa são formadas por uma média entre 3,4 pessoas. Na tabela de frequência é possível verificar que 1,4% das famílias dos sujeitos estão alocadas na faixa entre 1 e 4 integrantes 4 participantes não ofereceram uma resposta para este quesito. Apenas 37% los alunos (27 alunos (as) do total de 73) responderam que recebem mesada com frequência, com apenas um participante não respondendo. Cerca de 64 alunos de um total de 73, 87,7% dos participantes, disseram não possuir cartão de crédito, com novamente apenas um participante não respondendo a este quesito. Dos 74 participantes da pesquisa, 91,9% dos alunos (as) disseram não trabalhar, o que resultou um número de 6 alunos(as) (8,1%) que possuem alguma forma de independência financeira (ver tabela 1). A maior parte dos alunos (as) é de famílias com renda mensal entre R$ 0,01 e 3.000,00, perfazendo um total 78,1% (57 alunos e alunas) dos 73 participantes que responderam. Sendo que neste ponto, mais da metade das famílias dos 73 respondentes (58,9% - 43 alunos (as)) possuem uma renda mensal entre R$ 0,01 e 2,000,00. É importante ressaltar que estes resultados são referentes aos alunos das duas instituições juntas. Mas, de uma forma geral as famílias dos alunos das escolas particulares apresentam faixas de renda bem superiores às da escola pública (ver tabela 2 abaixo).

Tabela 1. Análises descritivas

Escola Pública e Particular	Frequências	Médias	N
No. Pessoas na Família	81,4%	3,4 (integrantes)	70
Recebem mesada	37%	27 alunos (as)	73
Não Possuem cartão de crédito	87,7%	64 alunos (as)	73
Adolescentes que não trabalham	8,1%	6 alunos (as)	74

Tabela 2. Analise de Kruskal-Wallis (Médias Ordenadas e χ^2) da renda mensal, considerado de acordo com tipo de escola e o sexo.

Escolas	Pa-Ma	Pa-Fe	Pu-Ma	Pu-Fe	χ^2
Renda Mensal da Família	49.75	49.10	19.45	24.17	30.90 4 c

Pa = Escola Particular; Pu = Escola Publica; Ma = Sexo Masculino; Fe = Sexo Feminino; MO = Média Ordenada a: p<.05; b: p<.01; c: p<.001

Procedimentos

Foram feitas entrevistas na forma de associações livres e classificações dirigidas, situação hipotética de compra e escalas Likert com espaço para livres justificativas, pois "Procedimentos de investigações que privilegiam aspectos qualitativos ajudam na compreensão do mundo dos sujeitos estudados" (Roazzi, 1995:5).

As escolas foram visitadas previamente para que o projeto fosse apresentado aos diretores das mesmas e se estabelecesse os locais mais adequados para a coleta dos dados. Após a obtenção das autorizações necessárias, deu-se início à coleta de dados. Todo procedimento realizado nas escolas foi monitorado, quando possível, por um professor (a) da instituição, como forma de garantia da prática ética do pesquisador e para a tranquilidade dos próprios participantes.

Antes da aplicação definitiva dos protocolos, um piloto foi feito com alguns alunos e alunas para verificar se os mesmos eram compreensíveis aos participantes. Verificou-se então a necessidade de ajustar alguns aspectos dos protocolos como a frase do primeiro protocolo que permaneceu como apresentado nos apêndices. Modificou-se também o valor hipotético em Reais do protocolo III que foi ajustado para cima no valor especificado também nos apêndices.

Etapa 1

Neste primeiro momento se pediu aos participantes que preenchessem um formulário de identificação com informações sociodemográficas básicas como nome, gênero, número de pessoas com quem moravam, se eles trabalhavam, entre outros aspectos. Além dos dados sociodemográficos básicos, a partir da pergunta *"o que você gosta mais de fazer?"* pediu-se aos estudantes e as estudantes que ranqueassem (com valores decrescentes de 13 a 1) treze atividades/hobbies de acordo com a preferência deles. A intenção dessa atividade foi a de obter dados que oferecessem a possibilidade de verificar a exposição dos adolescentes à propaganda no seu tempo livre. Os nomes dos participantes foram omitidos por uma questão ética, mas o participante foi identificado por um apelido que ele (a) escolhera para facilitar o procedimento de preenchimento dos dados para as análises estatísticas posteriores. Após o preenchimento do formulário de identificação, solicitou-se aos participantes que escrevessem no protocolo I tudo (em palavras-chaves) o que lhes veio à mente assim que eles (as) liam a frase *"O que influencia minha decisão de compra é: ..."*. Pediu-se que os participantes escrevessem no mínimo três palavras. Esta é uma técnica projetiva denominada associação livre em que se espera que o participante expresse os aspectos mais profundos e inconscientes relacionados a um fenômeno específico. A intenção é fazer com que o pesquisador não influencie o pesquisado para um determinado resultado e de se obter associações inteiramente provindas da perspectiva do participante. Da escola pública foi possível elaborar uma lista com 33 motivos dados por todos os alunos e alunas com nenhum desses se referindo à propaganda ou qualquer outro termo que remetesse à mesma. Da escola particular foi gerada uma lista com 64 motivos diferentes, incluindo termos como propaganda e mídia. Após esta primeira apa o pesquisador elaborou uma lista de palavras (motivos) provenientes das associações livres, reagrupando palavras sinônimas ou de sentido similar forma conceitual. Gerou-se daí uma lista com 60 motivos, a qual foi usada ra algumas análises expostas mais adiante.

tapa 2

A partir da lista gerada através das associações livres da primeira apa, pediu-se aos participantes que colocassem no protocolo II as palavras a lista em ordem de importância, de acordo com a relação que as mesmas nham com o termo "compra". Ou seja, as palavras da lista dada eram olocadas mais próximas ou mais distantes do termo "compra" pelos articipantes, dependendo de sua importância de relação com aquele termo. Jma pirâmide foi utilizada para ilustrar a direção da proximidade das lavras da lista com o termo "compra". Quanto mais próximo do ápice da irâmide uma palavra estiver, mais relação de importância com o termo compra" a mesma terá. Este procedimento caracteriza a classificação lirigida e que consiste num procedimento em que o pesquisador sugere um ritério pelo qual ela deve ser feita; neste caso o critério foi o termo "compra". :m todas as etapas dos procedimentos aqui descritos, o pesquisador esteve atento a possíveis comentários e perguntas por parte do pesquisado e grav[o] aquilo que foi relevante para análise posterior. Ver exemplo do protocolo nos apêndices.

Em seguida, foram recolhidos os protocolos II da classificação dirigida e pediu-se aos participantes que respondessem ao protocolo III qu[e] contém duas etapas. Uma questão, a qual apresenta uma situação hipotétic[a] descrita da seguinte maneira: *"Vamos supor que você receba R$ 1.500,0[0] para comprar três coisas diferentes. O que você compraria?"* E outra, a qu[al] contém o seguinte exercício: *"Baseado nas suas escolhas de compra d[o] exercício anterior escreva abaixo as marcas dos produtos que você escolhe[u] e explique porque você as escolheu"*. Os protocolos III foram recolhido[s] depois que todos tinham realizado os exercícios. O objetivo das atividade[s] acima descritas é de obter informações a respeito da intenção de compra do[s] adolescentes, mas, sobretudo, identificar se a propaganda seria um dos fatore[s] que influenciaram a escolha das marcas. Ver exemplo do protocolo III no[s] apêndices.

Após o recolhimento do protocolo III, em seguida foi apresentado [o] protocolo IV aos participantes. Este protocolo contém uma escala Likert qu[e] indica o peso, numa escala de zero a dez, que a propaganda possa ter para [a] decisão de compra. Pediu-se aos participantes que marcassem o número qu[e] mais se aproximava do peso que eles (as) achavam que a propaganda tem na decisão de compra deles. Assim, quanto mais próximo o número for de zero (0), menor será o peso da propaganda na decisão de compra. Quanto mais próximo de dez (10) tanto maior será o peso da propaganda na decisão de compra dos participantes. Depois de responderem no protocolo IV a pergunta referente ao peso da propaganda para própria decisão de compra, no mesmo protocolo, havia outra pergunta que também continha uma escala Likert. No entanto, esta última é relacionada à decisão de compra dos amigos dos participantes da pesquisa. Perguntou-se aos pesquisados qual peso eles achavam que a propaganda tem para as decisões de compra de seus amigos. Os participantes puderam comentar suas respostas tanto na primeira quanto na segunda escala. Ver exemplo das duas escalas nos apêndices.

A fase de coleta de dados foi realizada em dois momentos. Primeiro executou-se a etapa 1 (com a ficha de identificação e a aplicação do protocolo I) com todos os adolescentes, depois as outras etapas num segundo momento. Este procedimento visou não cansar os participantes da pesquisa, como também diminuir a probabilidade de que os alunos descobrissem a finalidade do estudo, evitando respostas tendenciosas. Cada etapa foi realizada com grupos compostos por no máximo 40 participantes. Em nenhum momento durante as aplicações dos protocolos I, II e III se revelou o objeto de investigação e o objetivo central do estudo aos participantes para que se evitasse o condicionamento das respostas dos mesmos – O protocolo IV, o último a ser aplicado, obviamente fazia menção à propaganda. Os procedimentos individualizados visaram evitar a influência mútua dos adolescentes que poderiam sentir-se tentados a dar respostas iguais às dos seus colegas. O horário da aplicação dos procedimentos se deu da seguinte maneira: no colégio particular pela manhã e na escola pública à tarde – seguiu-se o horário de funcionamento normal das escolas. O local onde se deu a coleta de dados foi a sala de aula. Somente na escola pública os participantes sofreram algumas interferências de barulhos vindos de outras salas, mas isto não os impediu de se concentrar durante os procedimentos – talvez porque já estejam acostumados no dia-a-dia com o ambiente mal isolado acusticamente.

Os protocolos aplicados, além de propiciarem a possibilidade de checagem da consistência ou divergências de opinião das respostas dos participantes em relação a um mesmo aspecto, estão diretamente relacionados com os objetivos do presente estudo. Finalmente, os quatro protocolos usados na coleta de dados oferecem três maneiras diferentes de se abordar o mesmo fenômeno, o que enriqueceu os achados deste trabalho e propiciou inferências mais consistentes do que se apenas tivesse sido utilizado um único instrumento.

RESULTADOS

Foram realizadas análises descritivas, de variância Kruskal-Wallis e multidimensionais, esta última baseando-se na técnica SSA (Smallest Space Analysis) que permite converter distâncias e similaridades do tipo psicológicas em distâncias geométricas euclidianas, o que por sua vez, permite ao pesquisador uma comparação direta entre estruturas mentais complexas (Roazzi, 1995). Com base neste tipo de análise é perfeitamente possível verificar como as categorias se relacionam entre si e com grupos independentes. As SSAs foram feitas a partir dos critérios "MOTIVOS" (para decisão de compra) e "ATIVIDADES" (preferidas pelos adolescentes). A partir dos resultados obtidos neste procedimento é possível verificar quais motivos na perspectiva dos adolescentes estão mais ou menos relacionados entre si e com a decisão de compra dos mesmos, distinguindo-se também as relações entre gênero e escolas. O mesmo se aplica à SSA feita para as atividades preferidas pelos adolescentes, como pode ser verificado em seguida nas Figuras 1 e 3, para motivos e atividades respectivamente que podem ser visualizadas mais adiante após as tabelas das análises de variância.

1. Atividades preferidas

Pediu-se aos participantes para que eles escolhessem por ordem de preferência, numa escala avaliativa de 1 a 13 (13 = a mais preferida e 1 = a menos preferida), as atividades nas quais os mesmos se envolvem em seu tempo livre. 69 alunos (as) de 74 escolheram **"sair com amigos"**, com uma média dos escores de 9.7, sendo que 50% destes (37 pessoas) escolheram esse item como sendo uma das três atividades mais preferidas. 68 alunos (as) de 74 escolheram **"escutar música"**, com média dos escores de 9.2, sendo que 50% destes (37 pessoas) escolheram este item como sendo uma das três atividades mais preferidas. 67 alunos (as) de 74 escolheram o item **"navegar na Internet"**, com média dos escores de 8.2, sendo que 27,5% destes (19 pessoas) a escolheram como sendo uma das três mais preferidas. 58 alunos (as) de 74 escolheram **"praticar esportes"**, com média dos escores de 7.7, sendo que 44%,6 destes (33 pessoas) escolheram esse item como sendo uma das três atividades mais preferidas por eles. 59 alunos (as) escolheram "assistir televisão", com média dos escores de 5.3, sendo que apenas 12,2% destes (09 pessoas) a escolheram como sendo uma das três atividades mais preferidas. As atividades que apresentaram as menores médias foram "ir para a balada" "assistir filmes em casa" e "jogar videogame", 4.97, 4.62, e 3.64, spectivamente. O item "fazer compras" foi mencionado por 51 pessoas, presentando média de 5.4 com 11 pessoas (21,6% destes) escolhendo-a como uma das três atividades mais preferidas. O item "ir ao cinema" nem mesmo foi citado como uma das duas primeiras atividades mais preferidas pelos adolescentes, mas foi escolhido por 59 alunos (as) e apresentou média 8. É importante ressaltar que estes dados a respeito das atividades realizadas no tempo livre dos adolescentes são relevantes, pois apontam para uma noção sobre a exposição dos adolescentes a propagandas.

Baseando-se no critério "ATIVIDADES" preferidas, há diferenças significativas entre os grupos escola pública e particular para as variáveis "Ir ao cinema" e "Jogar Videogame". Entre os grupos particular/feminino e particular/masculino, e, pública/feminino e pública/masculino nos aspectos "Praticar esportes", "Fazer compras" e "Jogar Videogame" e entre o grupo masculino e o feminino "Praticar Esportes", "Viajar", "Ler", "Fazer Compras", "Jogar Videogame" e "Navegar na Internet", como apresentado na tabela a seguir. É importante ressaltar que para o presente estudo os resultados da análise de variância apontam para uma maior possibilidade de exposição das mulheres à propaganda, de forma particular as da escola particular, visto que as médias apresentadas por elas para as variáveis "ler", "viajar" e "fazer compras" são maiores do que as do grupo masculino, os quais apresentam médias significativamente maiores para "navegar na internet" e "jogar videogame". Ver tabela 3 abaixo.

Tabela 3. Analise de Kruskal-Wallis (Médias Ordenadas e χ^2) das atividades, considerado de acordo com tipo de escola e o sexo. A pergunta feita foi "O que você gosta mais de fazer?"

Atividades	Pa MO	Pu MO	χ^2	Ma MO	Fe MO	χ^2	Pa-Ma MO	Pa-Fe MO	Pu-Ma MO	Pu-Fe MO	χ^2
Praticar Esporte	41.9	32.5	3.588	50.2	29.7	16.290c	50.03	34.95	50.55	25.40	18.6
Escutar Música	35.8	39.3	-.481	35.9	38.4	-.245	39.92	36.69	37.75	39.94	.6
Viajar	39.0	35.8	.423	30.4	41.8	-4.990a	32.50	44.62	26.65	39.46	6.1
Ler	36.0	39.0	-.368	30.5	41.7	-4.880a	31.83	39.74	28.25	43.40	5.4
Sair com Amigos	34.4	40.8	-1.655	35.7	38.5	-.305	30.47	37.93	45.25	39.10	3.4
Fazer Compras	39.1	35.6	.529	25.9	44.5	-13.38c	31.22	46.02	16.55	43.24	16.68b
Ir ao Cinema	42.8	31.5	5.132a	35.4	38.7	-.403	40.25	45.02	26.90	33.40	6.2
Ir a Praia	33.9	41.5	-2.361	33.4	39.9	-1.630	32.89	34.79	34.50	44.30	3.9
Jogar Video Game	42.1	32.3	4.303a	54.3	27.2	31.222c	54.58	31.43	53.85	23.76	32.8
Navegar na Internet	40.0	34.6	1.197	44.1	33.4	4.364a	48.00	33.26	37.15	33.64	6.0
Assistir Filmes em Casa	37.4	37.5	-.000	42.3	34.5	2.401	43.53	32.24	40.35	36.44	2.9
Ir para a Balada	39.1	35.6	.516	32.4	40.6	-2.712	33.53	43.95	30.40	37.78	3.8
Assistir Televisão	37.7	37.2	.011	39.1	36.4	.273	41.25	34.74	35.40	37.96	1.0

Pa = Escola Particular; Pu = Escola Publica; Ma = Sexo Masculino; Fe = Sexo Feminino; MO = Média Ordenada: p<.05; b: p<.01; c: p<.001

A partir dos resultados da análise multidimensional SSA, a qual pode ser visualizada adiante, é possível verificar que existe uma relação próxima entre os grupos femininos de ambas as escolas e as varáveis que se encontram no campo "fora de casa". Os grupos femininos apresentam uma relação maior com as variáveis "sair com os amigos", "fazer compras", "navegar na nternet" e "escutar música". Do outro lado, no campo "dentro de casa", os grupos masculinos de ambas as escolas apresentam uma relação mais forte com as variáveis "escutar música", "navegar na internet", "jogar videogame" e "praticar esportes". Nota-se que as análises de variância e multidimensional estão em consonância e que de uma forma geral os adolescentes não estão isentos da influência da propaganda durante suas atividades preferidas.

Coordenada 1x2 da análise tridimensional; Coeficiente de Alienação 0.13

Figura 1. Análise SSA das associações à pergunta "O que você gosta mais de fazer?", considerando como variáveis externas (e) o tipo de escola (2: pública e particular – Pub e Part, respectivamente) e o sexo (2: masculino e feminino - Masc. e Fem., respectivamente).

2. Motivos que influenciam a decisão de compra

Da lista dos sessenta motivos apontados pelos próprios adolescentes cinco itens obtiveram as maiores frequências e médias, quais sejam: **"qualidade do produto"**, **"preço do produto"**, **"dinheiro disponível"**, **"marca do produto"** e **"conforto pessoal"**, com os motivos **"influência da propaganda"** e **"meios de comunicação"** apresentando frequências e médias muito baixas.

As frequências apontam que 72,5% dos participantes (55 pessoas) escolheram "qualidade do produto", apresentando média de 5.03, sendo que 43,2% daqueles (32 pessoas) avaliaram esse item com os três maiores escores (escores vão de 9 a 1 em termos decrescentes de importância). 71,6% dos participantes (53 pessoas) escolheram "preço do produto", apresentando média 4.61, sendo que 40,5% daqueles (30 pessoas) avaliaram esse item como os três maiores escores. 45,9% dos participantes (34 pessoas) escolheram "dinheiro disponível", apresentando média de 2.93, sendo que 25,6% (19 pessoas) avaliaram esse item com os três maiores escores. Apenas 2,7% dos participantes (02 pessoas) citaram "meios de comunicação", apresentando média de 0.14, das quais uma delas avaliou esse item como sendo o segundo motivo mais importante de influência na decisão de compra. Em relação ao item "influência da propaganda", 10,8% dos participantes (8 pessoas) o escolheram, apresentando média de 0.36, sendo que nenhuma pessoa (0%) avaliou esse item com um dos três maiores escores e uma pessoa o avaliou como sendo o quarto motivo (escore 6) de influência na decisão de compra.

Um reagrupamento posterior das 60 variáveis referentes aos motivos que influenciam a decisão de compra dos pesquisados, foi feito usando-se uma análise de Cluster do tipo "Pearson r" no método de Ward. A partir dos reagrupamentos realizados, foram geradas 5 variáveis "mães" e 18 subgrupos de variáveis do reagrupamento das 5. O reagrupamento, conforme mostra o Dendrograma na Figura 2, indica relações de proximidade ou distância entre as 60 variáveis. Estas relações foram adotadas como critérios para a geração dos 18 subgrupos de variáveis reagrupadas que foram utilizadas posteriormente nas análises de variância e multidimensionais.

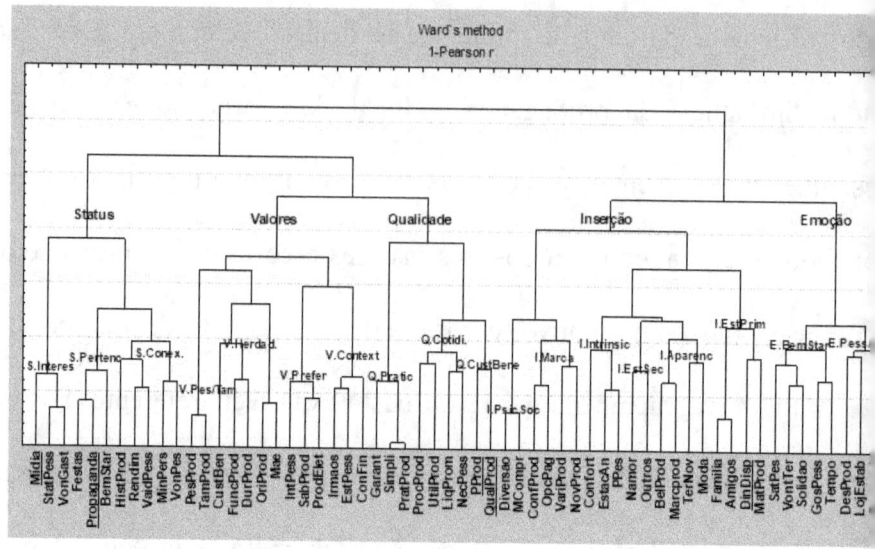

Figura 2. Dendrograma das relações de proximidade ou distância entre as 60 variáveis referentes aos motivos que influenciam a decisão de compra dos pesquisados.

A seguir seguem os agrupamentos e sub-agrupamentos das variáveis e suas respectivas explicações.

Grupo Maior (5 Variáveis)

- **Status:** S.Interesse, S.Pertencer e S.Conexões
- **Valores:** V.Peso e Tamanho, V.Herdados, V.Preferência e V.Contexto
- **Qualidade:** Q.Praticidade, Q.Cotidiano e Q. Custo-benefício
- **Inserção:** I.Psicossocial, I.Marca, I.Intrínsecos, I.Estímulo Secundário, I.Aparências e I.Estímulo Primário
- **Emoção:** E.Bem-estar e E.Pessoa/Produto

Subgrupos com iniciais dos grupos maiores a que pertencem (18 Variáveis

As variáveis abaixo estão sob a denominação STATUS, pois denotam na relação entre aspectos pessoais, dos produtos e sociais que também são decorrentes de influências culturais mais amplas.

.Interesse: Mídia, Satisfação Pessoal e Vontade de Gastar
.Pertencer: Festas, Propaganda e Bem-estar
.Conexões: Histórico do Produto, Rendimento do Produto, Vaidade Pessoal, Minha Personalidade e Vontade Pessoal

As variáveis abaixo estão sob a denominação VALORES, pois apresentam aspectos relacionados à influência do contexto socioeconômico e educacional.

V. Peso e Tamanho: Peso do Produto e Tamanho do Produto
V.Herdados: Custo-benefício do Produto, Funcionalidade do Produto, Durabilidade do Produto, Originalidade do Produto, Mãe
V.Preferência: Interesse Pessoal, Sabor do Produto e Produtos Eletrônicos
V.Contexto: Irmãos, Estilo Pessoal e Condição Financeira

As variáveis abaixo estão sob a denominação QUALIDADE, po denotam inúmeros aspectos relacionados aos produtos; aspectos estes que tê uma ligação com as demandas básicas pessoais das pessoas.

Q.Praticidade: Garantia do Produto, Simplicidade do Produto e Praticidad do Produto

Q.Cotidiano: Procedência do Produto, Utilidade do Produto Liquidação/Promoção, Necessidade Pessoal

Q.Custo-Benefício: Preço do produto e Qualidade do Produto

As variáveis abaixo estão sob denominação INSERÇÃO, poi apresentam aspectos diretamente relacionados à necessidade do ser human de pertencer a um grupo social e de estabelecer redes de relacionamentos.

I.Psicossocial: Diversão e Mania de Comprar

I.Marca: Confiança no produto, Opção de Pagamento, Variedade do Produt e Produtos Novos

I.Intrínseco: Conforto Pessoal, Estação do Ano e Prazer Pessoal

I.Estímulo Secundário: Namorado(a) e Outras Pessoas

I.Aparência: Beleza do Produto, Marca do Produto, Ter Tudo Novo e Moda

I.Estímulo Primário: Família, Amigos, Dinheiro Disponível e Material d Produto

As variáveis abaixo estão sob a denominação VALORES, pois enfatizam mais aspectos emocionais do ser humano.

E.Bem-estar: Satisfação Pessoal, Vontade de ter, Solidão, Gosto Pessoal e Tempo Pessoal

E.Relação Pessoa/Produto: Design do Produto, Loja/Estabelecimento e Cor do Produto

Baseando-se nos critérios "MOTIVOS", os quais representam os motivos para compra apontados pelos adolescentes uma análise de variância não-paramétrica Kruskal-Wallis foi realizada. Diferenças significativas foram encontradas entre os grupos escola pública e particular para as variáveis "S.Interesse", "S.Pertencer", "S.Conexões", "V.Herdados", "V.Preferências", "V.Contexto", "Q.Praticidade", "I.Psicossocial", "I.Marca", "I.Estímulos Secund." e "E.Bem-estar". Entre os grupos escola pública/feminino e pública/masculino e escola particular/feminino e particular/masculino para as variáveis "S.Pertencer", "S.Conexões", "V.Herdados", "V.Preferências", "V.Contexto", "Q.Praticidade", "I.Marca" e "E.Bem-estar". E entre os grupos masculino e feminino nos aspectos "V.Contexto e "E. Bem-estar", como demonstrado na tabela 4.

Tabela 4. Analise de Kruskal-Wallis (Médias Ordenadas e χ^2) dos motivos produzidos a partir das associações à pergunta "**O que influencia minha decisão de compra é:**" considerado de acordo com tipo de escola e sexo

Motivos	Pa MO	Pu MO	χ^2	Ma MO	Fe MO	χ^2	Pa-Ma MO	Pa-Fe MO	Pu-Ma MO	Pu-Fe MO	χ^2
Interesses	40.64	34.00	6.82[b]	37.97	37.24	.07	40.11	41.10	34.00	34.00	6.96
Pertencer	44.68	29.50	17.73[a]	39.70	36.16	.91	45.36	44.10	29.50	29.50	17.79
Conexões	45.03	29.11	11.32c	39.05	36.55	.26	48.33	42.19	22.35	31.82	13.75
Peso e Tamanho	38.40	36.50	1.81	37.84	37.29	.14	38.58	38.24	36.50	36.50	1.85
Aspectos Herdados	48.27	25.50	29.91c	41.25	35.22	1.98	50.00	46.79	25.50	25.50	30.22
Preferências	41.99	32.50	10.16c	37.91	37.25	.05	40.92	42.92	32.50	32.50	10.40
Contexto	44.68	29.50	17.72c	42.07	34.72	3.93[a]	49.06	40.93	29.50	29.50	20.39
Praticidade	41.99	32.50	10.17c	39.05	36.55	.66	42.69	41.38	32.50	32.50	10.27
Cotidiano	35.82	39.37	-.598	40.66	35.58	1.15	35.61	36.00	49.75	35.22	4.47
Custo-Benefício	35.55	39.67	-.683	37.82	37.30	.01	33.75	37.10	45.15	37.48	-1.83
Psicossocial	35.50	39.73	-4.64[a]	36.77	37.95	.34	35.50	35.50	39.05	40.00	-4.73
Marca	27.55	48.59	-21.97c	36.45	38.14	-.13	28.50	26.74	50.75	47.72	-22.23c
Aspectos Intríns.	36.15	39.00	-.35	34.75	39.17	-.80	31.03	40.55	41.45	38.02	2.62
Estímulos Secund.	33.86	41.56	-7.33[b]	35.75	38.57	-.92	33.00	34.60	40.70	41.90	7.56
Aparência	37.96	36.99	.04	34.48	39.34	-.92	37.03	38.76	29.90	39.82	1.68
Estímulo Primário	35.28	39.97	-.97	41.07	35.33	1.38	41.14	30.26	40.95	39.58	3.76
Rel. Pessoa Produto	40.82	33.80	2.44	36.80	37.92	-.06	41.17	40.52	28.95	35.74	3.34
Bem-estar	28.65	47.36	-14.89c	30.34	41.86	-5.33[a]	22.81	33.67	43.90	48.75	-17.91c

Pa = Escola Particular; Pu = Escola Pública; Ma = Sexo Masculino; Fe = Sexo Feminino; MO = Média Ordenada a: p<.05; b: p<.01; c: p<.001

É importante frisar as diferenças entre grupos no que diz respeito às variáveis "S.Interesse e S.Pertencer", pois a primeira representa a variável "Mídia" e a segunda a variável "Propaganda". Nota-se que nos dois casos a escola particular apresentou médias maiores e que no segundo caso **os** alunos da escola particular apresentaram uma média maior. Isso aponta para o fato de que para aqueles que apresentaram a propaganda na escola particular como motivo para decisão de compra, foram **os** estudantes (sexo masculino) que deram mais importância à mesma.

A partir dos resultados da análise multidimensional SSA, apresentada na figura 3, é possível verificar que existe uma relação muito próxima dos grupos representados pelas variáveis particular/masculino, particular/feminino, pública/masculino e pública/feminino com a variável "Emoção" que, por sua vez, representa as variáveis "satisfação pessoal, vontade de ter, solidão, gosto pessoal, tempo pessoal, design do produto, loja/estabelecimento e cor do produto". É possível também perceber que existe uma relação próxima entre o grupo particular/feminino e as variáveis S. Conexões e V.Preferências e entre o grupo particular/masculino e as variáveis V.Contexto e V.Aspectos Herdados. Assim como do outro lado da figura uma relação próxima entre o grupo pública/feminino e as variáveis I.Aspectos Intrínsecos e I.Psicossocial e entre o grupo pública/masculino e as variáveis I.Marcas e I.Estímulos Primários. Nota-se que a escola particular está mais relacionada com as variáveis que representam a propaganda e a Mídia (representadas pelas variáveis S.Pertencer e S.Interesse) do que a escola pública e que dentre os grupos da escola particular, o que representa o sexo feminino está mais próximo da variável propaganda (representada pela variável S.Pertencer).

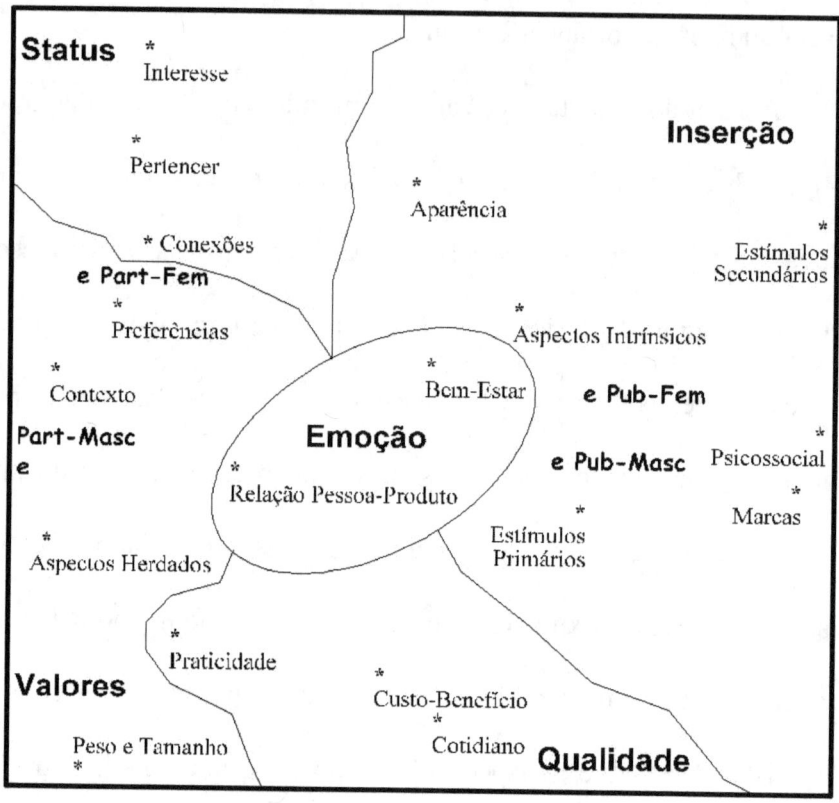

Coordenada 1x2 da análise tridimensional; Coeficiente de Alienação 0.16

Figura 3. Análise SSA das associações à pergunta "**O que influencia minha decisão de compra é ...**" considerando como variáveis externas (e) o tipo de escola (2: pública e particular – Pub e Part., respectivamente) e o sexo (2: masculino e feminino - Masc. e Fem., respectivamente).

Novamente as análises de variância e multidimensional estão em consonância e apontam para o fato de que motivos representados pela variável "Emoção", "Inserção" e "Valores" apresentam-se como mais importantes ra o processo de decisão de compra dos adolescentes do que os motivos propaganda" e "Mídia", os quais são representados pela variável "Status".

Produtos e marcas preferidos

Com base nas análises descritivas dos dados obtidos no exercício obre a situação hipotética de compra, foi possível detectar a intenção de ompra dos adolescentes e o que levou os mesmos a optar por determinadas arcas. Em decorrência, foi possível identificar, a partir das justificativas adas pelos pesquisados, se a propaganda está relacionada com a escolha das arcas escolhidas pelos adolescentes. Noventa e oito (98) marcas e quarenta 40) produtos diferentes foram citados pelos adolescentes das duas escolas ıntas, sendo que os mais citados dos dois (marcas e produtos) estão epresentados em percentuais na tabela 5 abaixo.

Realizou-se também uma análise de variância Kruskal-Wallis para erificar se havia diferença significativa entre os grupos das escolas particular pública no que diz respeito aos produtos e marcas preferidas. Apenas para item "Celular" houve uma diferença significativa, com o grupo Pu-Ma que epresenta os estudantes da escola pública apresentando uma média maior.

Tabela 5. Analise de Kruskal-Wallis (Médias Ordenadas e χ^2) dos produtos e marcas, considerado de acordo com tipo de escola e o sexo.

Produtos e Marcas	Frequências Para "Sim"	Pa-Ma MO	Pa-Fe MO	Pu-Ma MO	Pu-Fe MO	χ^2
Roupas	52,7%	38.56	35.62	25.40	43.16	6,820
Calçados	41,9%	44.61	32.57	33.10	38.28	4,823
Celular	44,6%	25.11	40.38	50.60	38.76	13,686 b
MPs	36,5%	42.50	32.81	38.80	37.32	2,891
Sony	29,7%	38.83	33.55	37.60	39.82	1,706
SonyErikson	18,9%	44.89	34.02	34.20	36.42	2,066
Nokia	16,2%	37.67	35.02	42.60	37.42	6,457
Adidas	13,5%	36.61	37.79	32.50	39.90	2,527

Pa = Escola Particular; Pu = Escola Publica; Ma = Sexo Masculino; Fe = Sexo Feminino; MO = Média Ordenada a: p<.05; b: p<.01; c: p<.001

* As justificativas para as escolhas das marcas acima são referentes à qualidade do produto, durabilidade, facilidade no manuseio/praticidade, beleza/design, conforto, tradição familiar e experiência com o produto. Nenhum adolescente citou a propaganda ou qualquer termo como publicidade, mídia ou imprensa nas suas justificativas.

4. Peso da propaganda na decisão pessoal e de amigos

A partir das questões que solicitavam uma avaliação do peso da propaganda para decisão pessoal de compra e para decisão de compra de amigos, foi possível determinar o peso que a propaganda tem na decisão dos adolescentes, segundo a opinião dos mesmos. É interessante notar que a média obtida na segunda escala Likert, concernente à decisão de compra de outras pessoas (dos amigos dos adolescentes), é maior do que a da primeira escala. Quais sejam: 6,05 (DP 2,862) para a primeira escala referente à decisão de compra pessoal e 7,56 (DP 1,840) para a segunda escala referente à decisão de compra de amigos. No entanto, as médias tanto de uma como de outra escala não apontam para os maiores índices de influência da propaganda que seriam entre os números 8 e 10 da escala.

De acordo com os resultados obtidos através de análises de variâncias não-paramétricas se constatou que houve diferença significativa entre os grupos Ma (masculino) e Fe (feminino) e Pa (escola particular) e Pu (pública), no que diz respeito ao peso da propaganda para decisão pessoal de compra, sendo o grupo feminino e a escola pública mais afetados pela propaganda. O que aponta para uma maior influência da propaganda na decisão de compra das estudantes da escola pública. Ver tabela 6 adiante.

Tabela 6. Análise de Kruskal-Wallis (Médias Ordenadas e χ^2) do peso da propaganda na decisão de compra – pessoal e de amigos, de acordo com o tipo de escola e o sexo.

Peso da Propaganda na decisão de	Pa MO	Pu MO	χ^2	Ma MO	Fe MO	χ^2	Pa-Ma MO	Pa-Fe MO	Pu-Ma MO	Pu-Fe MO	χ^2
- compra pessoal	30.58	43.97	-7.40[b]	29.09	41.92	-6.44[b]	26.67	34.10	33.45	48.18	12,101[b]
- compra de amigos	37.58	36.37	,06	35.71	37.80	-1.76	33.44	41.30	39.80	35.00	,610

Pa = Escola Particular; Pu = Escola Pública; Ma = Sexo Masculino; Fe = Sexo Feminino; MO = Média Ordenada a: p<.05; b: p<.01; c: p<.001

Análise da entrevista

Após a aplicação do último protocolo da pesquisa, uma breve entrevista não-estruturada foi realizada na escola pública, onde a propaganda ou qualquer termo relacionado à mesma não havia sido citado no primeiro exercício como sendo um motivo de influência na decisão de compra dos adolescentes daquela instituição.

É possível perceber através da transcrição que houve uma dificuldade de se chegar a um consenso entre os alunos sobre o peso da propaganda na decisão pessoal de compra deles, apesar de haver uma tendência da turma a concordar com a influência da mesma nas suas decisões de compra. No entanto, é possível também perceber que, de uma forma geral, apesar dos alunos entrevistados admitirem inicialmente que a propaganda pode ter influência na decisão de compra deles, esta mesma afirmação torna-se inconsistente quando o pesquisador pergunta por que os alunos não mencionaram a propaganda na lista de seus motivos para decisão de compra. Ao final da entrevista torna-se mais claro que a propaganda é importante para decisão de compra dos adolescentes daquela escola, mas que o produto em si e aspectos relacionados ao mesmo, como qualidade, preço e características morfológicas são mais importantes do que a influência da propaganda, como pode ser verificado adiante em alguns trechos da entrevista. As afirmações acima vêm ratificadas também pelas justificativas dadas por algumas alunas da escola pública para o peso atribuído à propaganda na decisão pessoal e dos amigos como apontado após os trechos da entrevista.

Pesquisador: *quer dizer, a propaganda é importante, mas o produto tem que ser...*

Alunos (as): *completam a frase do pesquisador dizendo: "é mais importante".*

Pesquisador: *é mais importante que o produto seja bom e tenha qualidade?*

Alunos (as): *comentários cruzados.*

Aluna "J": *comenta algo sobre os aspectos mais importantes como sendo qualidade, beleza e preço.*

    Milla apontou peso 9 para decisão pessoal: *"influencia muito minha decisão, e sendo um produto que eu possa comprar melhor ainda"*. E 8 para decisão dos amigos: *"depende da vontade dos meus amigos"*
    Nane apontou peso 5 para decisão pessoal: *"porque nem muitas vezes a propaganda ela diz se o produto é bom"*. E 10 para decisão de compra das amigas: *"porque as vezes elas são influenciadas por elas"*.
    Anny apontou peso 10 para decisão pessoal: *"como assisto muito, tenho a oportunidade de ver as novidades, os preços, que com isso me*

influencio". E peso 3 para decisão de compra dos amigos: *"acredito que poucos se deixam influenciar pelas propagandas"*

Bela apontou peso 7 para decisão pessoal: *"pelo produto está na propaganda ele é atual. isso chama minha atenção"*. E peso 8 para decisão dos amigos: *"porque a propaganda é um meio de manipulação"*

Pamynha apontou peso 9 para decisão pessoal: *" pq gosto de me exibir"*. E peso 6 para decisão de compra dos amigos: *"porque a maioria vai pelo preço e não a marca ou propaganda"*

Nega apontou peso 8 para decisão pessoal: *"não influencia muito"*. E peso 7 para decisão dos amigos: *"influencia mais ou menos"*

Nany apontou peso 7 para decisão pessoal: *"porque nem sempre ela me faz ir à loja e compra, e sim a necessidade"*. E peso 7 para decisão dos amigos; *"porque ela adora compra, mas nem sempre vai atrás das propagandas"*

Meury apontou peso 1 para decisão pessoal: *"...não me influencia, o que me influencia é se caso eu gostar do produto, e ter condições de comprar"*. E peso 5 para decisão de compra dos amigos: *"se acaso ela se agradar pelo produto a propaganda influencia muito pra ela"*

DISCUSSÃO

A partir da análise SSA sobre os "MOTIVOS" é possível ressaltar as relações existentes entre os motivos para decisão de compra, apontados pelos adolescentes. A inspeção da projeção SSA confirma as relações entre as variáveis, as quais já tinham sido representadas anteriormente no dendrograma resultante da Análise de Cluster mostrando também a relação estrutural entre os itens. Nota-se que existe uma relação muito próxima entre os grupos que correspondem aos alunos e alunas da escola particular e pública e a variável "Emoção" que inclui motivos como satisfação pessoal, vontade de ter, solidão, gosto pessoal, tempo disponível, relação pessoa produto, design do produto, loja/estabelecimento e cor do produto. Isso sugere que esses motivos antecedem outros da escala hierárquica daquilo que influencia a decisão de compra dos adolescentes. A variável "Part-Fem", a qual representa as estudantes da escola particular, em relação ao gênero é a que tem uma relação mais próxima com a variável "Status" que representa os motivos "Propaganda" e "Mídia", sugerindo que estes têm mais relação com a decisão de compra dessas estudantes do que as da escola pública e do que para os estudantes de ambas as escolas. Isso é consistente com o fato de que somente na escola particular foram citadas a propaganda e a mídia com agentes influenciadores da decisão de compra e aponta para o fato de que, da dez pessoas que citaram esses dois motivos, a maioria era estudantes do sex feminino da escola particular.

De uma forma geral, é plausível afirmar, a partir do primeiro exercíci realizado pelos adolescentes através dos protocolos I e II relacionados ac motivos enunciados por eles, que a propaganda representada pelas variávei "Propaganda" e "Mídia" não está entre os motivos mais relevantes par decisão de compra dos adolescentes de ambas as escolas.

Há diferenças significativas entre grupos, no que concerne ao motivos escolhidos como sendo os que mais influenciam a decisão de compr. dos adolescentes. Há uma variação significativa entre as escolas, no que di: respeito a comparações envolvendo as variáveis S.Interesses, S.Pertencer S.Conexões, V.Aspectos Herdados, V.Preferências, V.Contexto Q.Praticidade, com a escola particular apresentando as maiores médias. En outras palavras, os motivos mídia, propaganda, satisfação pessoal, vontade de gastar, festas, bem-estar, histórico do produto, rendimento do produto vaidade pessoal, minha personalidade, vontade pessoal, custo-benefício de produto, funcionalidade do produto, durabilidade do produto, originalidade do produto, mãe, interesse pessoal, sabor do produto, produtos eletrônicos, irmãos, estilo pessoal, condição financeira, garantia do produto, simplicidade do produto e praticidade do produto, foram mais citados pelos alunos da escola particular.

A variação é significativa também entre as escolas no concernente às variáveis I.Marca, I.Psicossocial, I.Estímulo Secundário e E.Bem-estar, desta vez com a escola pública apresentando as maiores médias. Ou seja, os motivos confiança no produto, opção de pagamento, variedade do produto, produtos novos, diversão, mania de comprar, nomarodo(a), outras pessoas, satisfação pessoal, vontade de ter, solidão, gosto pessoal e tempo pessoal, foram mais citados pelos alunos da escola pública.

Há diferenças significativas entre sexos no que diz respeito às variáveis V.Contexto (motivos: irmãos, estilo pessoal e condição financeira) e E.Bem-estar (motivos: satisfação pessoal, vontade de ter, solidão, gosto pessoal e tempo pessoal), com o sexo masculino apresentando uma média maior para o primeiro caso e o sexo feminino para o segundo caso (citando mais os motivos referentes às variáveis de cada um).

As análises de variância relativas aos motivos para decisão de compra apresentam resultados consistentes com a análise multidimensional SSA, mas ressaltam ainda a diferença de intensidade em termos de importância dos motivos para decisão de compra dos adolescentes. É relevante notar as diferenças entre os grupos (Pa-Ma, Pa-Fe, Pu-Ma e Pu-Fe) no que concerne à variável "S.Pertencer" (a qual representa o motivo "Propaganda"), com o grupo Pa-Ma apresentando as maiores médias neste caso.

Baseando-se nas análises estatísticas descritivas, multidimensional SSA e de variância Kruskall-Wallis é plausível afirmar que, tomando como referência as opiniões dos adolescentes apresentadas na primeira atividade (protocolos I e II), a propaganda é tida como agente influenciador apenas na decisão de compra dos estudantes da escola particular, sendo que as estudantes citaram a propaganda e a mídia e os estudantes apenas a propaganda. Ademais, apesar de citarem a propaganda na mesma proporção, os estudantes da escola particular atribuíram um escore maior à influência da mesma, em relação aos escores atribuídos pelas estudantes. No entanto, no contexto geral, a propaganda e a mídia nem podem ser consideradas como os aspectos mais importantes, nem sequer como aspectos muito importantes para decisão de compra da maioria dos adolescentes das duas escolas.

A análise multidimensional SSA feita com as variáveis referentes às atividades preferidas pelos adolescentes, aponta relações muito próximas entre os grupos Pub-Fem (pública/feminino) e Part-Fem (particular/feminino) os grupos Part-Masc (particular/masculino) e Pub-Masc (pública/masculina). A SSA também aponta uma relação próxima entre as atividades que caem no campo "dentro de casa" (assistir TV, assistir filmes em casa, navegar na internet, escutar música e jogar videogame) e os grupos Part-Masc e Pub-Masc e uma relação próxima entre as atividades do campo "fora de casa" (ir ao cinema, ir a praia, ler, fazer compras, sair com os amigos, ir para balada e viajar) e os grupos Part-Fem e Pub-Fem.

De acordo com os resultados da SSA é possível afirmar que as atividades preferidas mais mencionadas **pelas** estudantes de ambas as escolas são "sair com os amigos", "fazer compras", mas com uma relação similar com as atividades "navegar na internet" e "escutar música" (dentro de casa). Já para os grupos **dos** estudantes de ambas as escolas, a relação é mais próxima com as atividades "navegar na internet", "escutar música" e "jogar videogame", com esta última um pouco mais relacionada com o grupo Part-Masc e aquela penúltima com o grupo Pub-Masc. A atividade "praticar esportes" (fora de casa) apresenta uma relação mais próxima com o grupo Pub-Masc. Já a atividade "ir para balada" (fora de casa) está mais relacionada com o grupo Part-Fem. Estes dados são consistentes com a descrição das frequências das atividades preferidas pelos adolescentes, as quais apontam as três atividades mais preferidas como sendo: "escutar música", "sair com os amigos", "navegar na internet" e "praticar esportes".

De uma forma geral o que se percebe é um padrão de relação maior entre os grupos masculinos de ambas as escolas e as atividades da esfera "dentro de casa" mais a atividade "praticar esportes" (fora de casa). No caso feminino de ambas as escolas a relação é maior com as atividades "fora de casa" mais "navegar na internet" e "escutar música" (dentro de casa). Assim sendo, pode-se dizer que os grupos femininos apresentam uma preferência por "outdoors" atividades sociais e dinâmicas, enquanto os grupos masculinos apresentam uma preferência por "dentro de casa" atividades individuais, com a exceção da atividade "praticar esportes" que pode ser realizada em grupo e ao ar livre, "navegar na internet" e "escutar música" que podem ser realizadas fora de casa também. É possível ainda notar que as atividades que exporiam os adolescentes de forma mais imediata à influência da propaganda como "assistir TV e "ir ao cinema", apresentam uma relação próxima entre si, mas distantes dos quatro grupos das escolas, quando comparado às atividades principais mais relacionadas aos grupos. No entanto, não se pode afirmar que os adolescentes pesquisados são imunes à influência da propaganda por preferirem atividades aparentemente sem relação direta com a mesma. A propaganda pode influenciá-los por outros caminhos, pois "sair com os amigos", "escutar música" e "fazer compras", os grupos mininos de ambas as escolas se expõem a influências da propaganda de versas formas como outdoors, panfletos, pôsteres, mídia de ambiente e erchandising de toda sorte. Assim como, os grupos masculinos de ambas as colas são expostos à propaganda "ao navegar na internet", "praticar portes" e ao "escutar música" (é comum se escutar rádio pelo celular, já que cutar músicas no formato MP3 consome mais rapidamente a bateria dos arelhos). No entanto, os motivos principais apresentados pelos dolescentes para a decisão de compra não foram a propaganda ou a Mídia.

Com base na análise de variância realizada usando-se as variáveis ferentes às atividades preferidas e os grupos Pa (particular), Pu (pública), Ma (masculino), Fe (feminino), Pa-Ma (particular/masculino), Pa-Fe articular feminino), Pu-Ma (pública/masculino) e Pu-Fe pública/feminino), diferenças significativas foram encontradas. Em relação atividade "praticar esportes", houve diferença significativa entre os grupos Ma e Fe, com o grupo Ma apresentando média maior. Já entre os grupos Pa-Ma, Pa-Fe, Pu-Ma e Pu-Fe ainda relacionados à atividade "praticar esporte", ouve diferença significativa, com o grupo Pu-Ma apontando uma média maior. Ou seja, a prática de esporte apresenta-se como sendo uma atividade nais apreciada para **os** estudantes, mas de forma mais particular **os** da escola pública. Quanto às atividades "viajar" e "ler", houve diferença significativa apenas na comparação entre gêneros, com o grupo "Fe" apresentando uma média maior para ambas as atividades, o que denota uma preferência do sexo feminino para essas atividades.

No que se refere à atividade "fazer compras", houve diferença significativa entre os grupos "Ma" e "Fe", com o grupo "Fe" apresentando uma média maior e entre os grupos Pa-Ma, Pa-Fe, Pu-Ma e Pu-Fe, com o grupo Pa-Fe apontando uma média maior. Aqui também é possível perceber uma preferência do grupo feminino a esta atividade, mas de forma particular para as estudantes da escola particular. Já a atividade "jogar videogame" apresenta diferenças significativas entre os grupos "Pa" e "Pu", "Ma" e "Fe" e Pa-Ma, Pa-Fe, Pu-Ma e Pu-Fe, com os grupos masculinos apresentando maiores médias, assim como o grupo "Pa", o que aponta para uma preferência maior dessa atividade por parte dos alunos da escola particular. No referente à atividade "ir ao cinema", houve diferença significativa apenas entre os grupos "Pa" e "Pu", com o grupo "Pa" apresentando uma média maior. É importante notar que para aquelas atividades que requerem maior investimento financeiro, a preferência maior é dos e das alunas da escola particular, o que aparentemente se justifica pelo maior poder aquisitivo daqueles, o qual é representado através das faixas de renda das famílias pontadas pelos próprios alunos. Finalmente, no que concerne à atividade "navegar na internet", houve diferença significativa apenas entre os grupos "Ma" e "Fe", com o grupo "Ma" apresentando uma média maior. Também aqui os resultados das análises de variância estão em consonância com os da MDS SSA.

As atividades apontadas com diferenças significativas entre os diversos grupos comparados através análise de variância, podem ainda ser classificadas pela intensidade de suas práticas, como demonstrados a seguir:

- Praticar Esportes - estudantes do sexo masculino da escola pública
- Ler e Viajar - estudantes do sexo feminino
- Fazer Compras - estudantes do sexo feminino da escola particular
- Jogar videogame - estudantes do sexo masculino da escola particular
- Ir ao cinema - estudantes da escola particular
- Navegar na Internet: estudantes do sexo masculino

Quanto ao exercício proposto no protocolo IV, o qual se refere ao peso da propaganda para a decisão pessoal de compra e o peso da propaganda para decisão de compra dos amigos, a partir da análise de variância não-paramétrica realizada, se percebe uma diferença significativa entre os grupos "Pa e Pu", "Ma e Fe", "Pa-Ma, Pa-Fe, Pu-Ma e Pu-Fe" apenas no que concerne à decisão pessoal de compra, com os grupos "Pu", "Fe" e "Pu-Fe" apresentando médias maiores. Ou seja, como mencionado anteriormente, as estudantes da escola pública apontam maior peso para propaganda nas suas decisões de compra.

Tais achados podem parecer contraditórios pela seguinte razão: nem a propaganda, nem a Mídia foram citadas como motivos para decisão de compra na escola pública, tanto entre os, como entre as estudantes. No entanto, o primeiro exercício contido nos protocolos I e II, pede aos estudantes para citarem espontaneamente os motivos para sua decisão de compra, enquanto o exercício do protocolo IV se refere especificamente a uma escala Likert de mensuração do peso da propaganda para decisão de compra pessoal e dos amigos. A natureza dos exercícios é completamente diferente. Olhando por esta ótica, é perfeitamente possível que num exercício as estudantes da escola pública não tenham se referido à propaganda ou mídia, simplesmente por não acharem que estes motivos eram relevantes dentre aqueles apontados pelas mesmas. O segundo exercício não oferece outra opção a não ser avaliar a propaganda segundo uma escala de valores pré-estabelecidos. Apesar das diferenças significativas encontradas na primeira escala (peso da propaganda para decisão pessoal), ainda assim é pertinente afirmar, tomando como referências as médias gerais das duas escalas (6,05 para o peso da propaganda na decisão pessoal e 7,59 para decisão de compra de amigos), que há indicativos de que a propaganda não é vista como sendo um dos motivos mais importantes para decisão de compra pessoal dos alunos de uma forma geral. Ademais, é pertinente afirmar que motivos como a qualidade, preço e características do produto são vistos como mais importantes do que a influência da propaganda, como pode ser verificado nas falas dos próprios alunos (as) daquela escola e nas justificativas dadas pelas alunas para o peso atribuído à propaganda nas duas escalas:

Pesquisador: *mas aí deixa eu fazer só uma pergunta pra vocês – a última, prometo! – se a propaganda for massa, chamou atenção, legal, produto...aí vê só. Se o produto não tiver qualidade, for caro demais e... sei lá...e não for bonito, vocês vão comprar?*

Alunos (as) em massa: *não!*

Pesquisador: *quer dizer, a propaganda é importante, mas o produto tem que ser...*

Alunos (as): interrompem o pesquisador e completam a frase do mesmo dizendo: *"é mais importante".*

Pesquisador: *é mais importante que o produto seja bom e tenha qualidade?*

Alunos (as): *comentários cruzados.*

Aluna "J": *comenta algo sobre os aspectos mais importantes como sendo qualidade, beleza e preço.*

Pesquisador: *É o melhor que tem né? Bom... (comentários cruzados) ...Bom, bonito e barato. Ta ok pessoal. Bom final de semana pra vocês*

Milla apontou peso 9 para decisão pessoal: *"influencia muito minha decisão, e sendo um produto que eu possa comprar melhor ainda"*. E 8 para decisão dos amigos: *"depende da vontade dos meus amigos"*

Nane apontou peso 5 para decisão pessoal: *"porque nem muitas vezes a propaganda ela diz se o produto é bom"*. E 10 para decisão de compra das amigas: *"porque as vezes elas são influenciadas por elas"*.

Anny apontou peso 10 para decisão pessoal: *"como assisto muito, tenho a oportunidade de ver as novidades, os preços, que com isso me influencio"*. E peso 3 para decisão de compra dos amigos: *"acredito que poucos se deixam influenciar pelas propagandas"*

Bela apontou peso 7 para decisão pessoal: *"pelo produto está na propaganda ele é atual. isso chama minha atenção"*. E peso 8 para decisão dos amigos: *"porque a propaganda é um meio de manipulação"*

Pamynha apontou peso 9 para decisão pessoal: *"pq gosto de me exibir"*. E peso 6 para decisão de compra dos amigos: *"porque a maioria vai pelo preço e não a marca ou propaganda"*

Nega apontou peso 8 para decisão pessoal: *"não influencia muito"*. E peso 7 para decisão dos amigos: *"influencia mais ou menos"*

Nany apontou peso 7 para decisão pessoal: *"porque nem sempre ela me faz ir a loja e compra, e sim a necessidade"*. E peso 7 para decisão dos amigos; *"porque ela adora compra, mas nem sempre vai atrás das propagandas"*

Meury apontou peso 1 para decisão pessoal: *"...não me influencia, o que me influencia é se caso eu gostar do produto, e ter condições de comprar"*. E peso 5 para decisão de compra dos amigos: *"se acaso ela se agradar pelo produto a propaganda influencia muito pra ela"*

No segundo exercício os alunos de ambas as escolas foram submetidos a uma situação hipotética de compra e tinham que oferecer três produtos diferentes e suas respectivas marcas. O intuito deste exercício foi o de apontar os produtos e as marcas preferidas entre os adolescentes e tentar fazer uma ligação destes com a possível influência da propaganda. Como apontado

teriormente, apesar da lista de 40 produtos e 98 marcas diversas oferecida
los adolescentes, os produtos e marcas mais escolhidos foram:

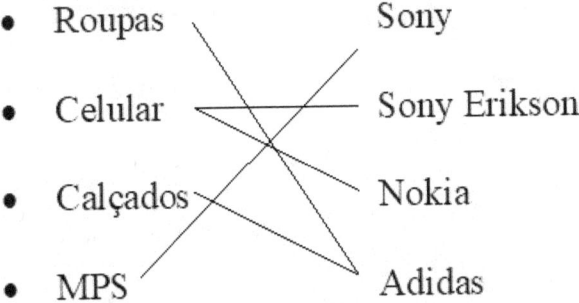

- Roupas
- Celular
- Calçados
- MPS

Sony
Sony Erikson
Nokia
Adidas

Apesar da relação apresentada na representação acima realizada de rma puramente conceitual, houve apenas uma diferença significativa ncontrada entre os grupos particular/masculino, particular/feminino, ública/masculino e pública/feminino em relação ao produto celular, com o rupo pública/masculino apresentando a maior média, como pode ser visto na abela do item "Resultados", referente aos produtos e as marcas. Ou seja, **os** studantes da escola pública apontaram mais vezes o celular como sendo uma e suas escolhas favoritas de produtos para compra. No entanto, no que oncerne ao objetivo da atividade para o presente estudo, as justificativas adas pela maioria dos adolescentes para as escolhas das marcas acima são eferentes à qualidade do produto, durabilidade, facilidade no manuseio/praticidade, beleza/design, conforto, tradição familiar e experiência com o produto. Nenhum adolescente citou diretamente a propaganda ou qualquer termo como publicidade, mídia ou imprensa nas suas justificativas.

Ao que parece, levando em consideração todas as análises feitas neste estudo, os adolescentes participantes desta pesquisa, ainda que se enquadrem na citação "...vivendo sua crise de identidade, portador de um ego com características específicas, ele possui um terreno fértil para sofrer induções, sugestões, pregações de toda natureza, podendo ser utilizado como cidadão de papel, na expressão de Dimenstein (1993)" (Levisky, 1998, p.74), estejam vulneráveis a influências socioculturais, de amigos, de situações estressantes e de dificuldades típicas deste período de desenvolvimento, quando aspectos como a autoestima e o "self" (Carreira, 2006) são postos à prova frequentemente. Tenham momentos de instabilidade e mudanças na personalidade e possíveis desordenamentos do comportamento são intensificados (Donnellan, Conger e Burzette, 2007; Lebelle, 2007; Shaffer 2002). Mesmo assim, baseando-se nos resultados do presente trabalho, não se pode afirmar que, devido à fragilidade deste período de desenvolvimento e refinamento da personalidade do indivíduo, a propaganda exerce influência determinante na decisão de compra dos adolescentes.

Ademais, partindo dos resultados das análises descritivas, de variância, multidimensionais e da entrevista, da variedade de motivos apontada pelos adolescentes e pesos dados à propaganda para suas decisões de compra; tampouco se pode afirmar que esta produza efeito condicionante do comportamento dos adolescentes, pois um modelo de comportamento baseado em estímulo-resposta/reforço não comporta aspectos intrínsecos socioafetivos, cognitivos e emocionais, os quais decididamente tomaram lugar de precedência quando comparados à influência da propaganda e da Mídia, nos resultados aqui mostrados. O mesmo raciocínio se aplica a qualquer modelo que se baseie apenas numa perspectiva, seja ela a teoria do processamento da informação, da resolução de problemas ou a do apego. Pois num universo muito pequeno de pessoas, todas essas facetas vieram à tona ao mesmo tempo, bastando considerar que as 60 variáveis de influência para decisão de compra apresentada pelos adolescentes abrangem característica racional ou cognitiva como "preço do produto", "custo-benefício", "rendimento do produto", "dinheiro disponível", "condição financeira", "qualidade do produto". Outras apresentam aspectos relacionados ao desenvolvimento socioafetivo e emocional como "influência da mãe, irmãos, família, namorado (a), amigos", "satisfação pessoal", "solidão", "bem-estar", "minha personalidade", "vaidade pessoal", "gosto pessoal", "estilo pessoal".

E outras com aspectos relacionados aos sentidos como "peso do produto", "material do produto", "cor do produto", "tamanho do produto", "sabor do produto".

CONCLUSÕES

Tomando como referência os achados deste trabalho e os objetivos nele propostos, é possível chegar a algumas conclusões relevantes:

1. Dentre os motivos para a decisão de compra dos adolescentes de ambas as escolas e sexo, a propaganda e a Mídia não foram apontadas como sendo os motivos mais relevantes, mas sim outros, como qualidade, preço, características diversas do produto e dinheiro disponível. Ademais, a partir da análise SSA referente aos motivos apontados espontaneamente pelos adolescentes, as variáveis centrais de grande importância para ambos os sexos e escolas foram aquelas relacionadas com aspectos emocionais do indivíduo.

2. As atividades preferidas pelos estudantes foram apontadas como sendo sair com os amigos e escutar música para ambos os sexos e escolas e navegar na internet e praticar esportes com uma predileção um pouco maior para os sexos masculinos. É plausível, portanto, afirmar que estas atividades por sua vez não os isolam da influência da propaganda.

3. De uma forma geral a propaganda recebeu um peso razoável na decisão de compra pessoal, principalmente para as estudantes da escola pública, mas se deu peso maior para decisão de compra dos amigos. No entanto, ao se verificar os dados das análises qualitativas, é pertinente dizer que, mesmo tendo sido apontada como um fator de influência na decisão de compra pessoal, a propaganda não ocupa posição determinante na decisão final dos e das estudantes. Quanto à segunda escala relativa ao peso da propaganda para a decisão de compra dos amigos, onde houve uma tendência geral de apontar um peso maior à propaganda, a conclusão que se pode tirar é que um maior peso tenha sido dado simplesmente porque afirmar que a propaganda influencia mais a decisão dos outros faz parte do imaginário social e de um possível mito criado sobre os reais efeitos da mesma, além de uma possível preservação do próprio ego – não é muito elegante se autoclassificar como influenciável. Se considerarmos que os alunos se autoavaliaram e avaliaram seus colegas, não seria inconsistente dizer que muitos dos amigos avaliados eram os próprios colegas de classe. Destarte, poder-se-ia especular que o peso real da propaganda para decisão de compra pessoal seria o da segunda escala. No entanto, alguns aspectos devem ser

considerados: 1. As médias gerais da primeira e da segunda escala não apresentam uma grande diferença entre si (6,05 e 7,55), o que aponta para a sinceridade nas respostas dos adolescentes; 2. Há apenas uma diferença significativa entre grupos, com o Pu-Fe indicando maior peso à propaganda; 3. Todos os outros achados indicam que a propaganda não está entre os motivos mais citados para decisão de compra; 4. E as médias gerais das duas escalas, apesar de razoavelmente diferentes, não representam os maiores escores da escala que estão entre 8 e 10. Assim sendo, é plausível afirmar que mesmo os adolescentes apontando que a propaganda teria um peso maior para decisão de compra dos seus amigos, e as estudantes da escola pública apresentando maiores médias para decisão pessoal de compra, o peso geral atribuído em ambas as escalas não coloca a propaganda como agente determinante para decisão de compra dos amigos, nem muito menos para decisão de compra pessoal dos próprios pesquisados.

4. Dos produtos e marcas apontados pelos adolescentes como preferidos estão roupas, celulares, calçados e MPs e Sony, Sony Erikson, Nokia e Adidas. No que concerne aos objetivos do presente trabalho,

nenhuma justificativa para as escolhas das marcas dadas pela maioria dos adolescentes foi relacionada à propaganda.

Os resultados do presente trabalho estão em consonância com outros estudos feitos por Maman (2006), Piedras (2006), Giglio (2004) Willemsens, Perin e Sampaio (2006), os quais ressaltam elementos importantes como ceticismo do consumidor em relação a propagandas, fatores como valores, família, sinceridade, qualidade e preço do produto que influenciam a decisão de compra do consumidor. Os achados desta pesquisa seguem também na mesma direção do estudo de Melo, Costa & Leite (2007) sobre produtos que não danificam o ambiente e sua influência sobre a decisão de compra do consumidor recifense, no qual a maioria dos participantes indicou a qualidade e o preço como sendo os fatores mais importantes na compra de um produto. Todos estes achados, adicionando-se também à lista acima o elemento "disponibilidade do produto no mercado", estão em consonância com outros nesta área estudos feitos fora do Brasil (Carrigan et al, 2004; Bahskaran & Hardley, 2002; Carrigan & Attalla, 2001; Shaw & Clarke, 1999; Yam-Tang & Chan, 1998). Finalmente, os resultados aqui apresentados fornecem suporte à afirmação de Damásio (2003), a qual enfatiza que as emoções são um meio natural de avaliar o ambiente em que vivemos e de reagir de maneira adaptativa a este ambiente. E com Reimer & Katsikopoulos (2004) e Tversky & Kahneman (1974) que apontam o uso de procedimentos heurísticos em processos decisórios e avaliação sob incerteza, como se pode perceber nas justificativas para as escolhas de marcas dos alunos.

Talvez toda argumentação aqui apresentada ainda não seja suficiente para descartar a propaganda como agente determinante e indutor na decisão de compra, no entanto, mesmo considerando a propaganda como tal, seria somente aceitável afirmar que a mesma representa um dentre tantos outros elementos a serem considerados no processo decisório do consumidor. Por se tratar de um estudo de caráter exploratório e de uma amostra muito pequena e ao mesmo tempo limitada quanto à representação dos gêneros, certamente os resultados do presente trabalho não podem ser generalizados para toda realidade Recifense, muito menos à brasileira. Outras iniciativas, com um maior e mais equilibrado número (em termos de gênero) de participantes, que abranjam mais escolas das diversas regiões da cidade do Recife e de outros locais do Brasil, são necessárias e bem-vindas para que se possa chegar a uma compreensão mais ampla e ao mesmo tempo profunda do comportamento do consumidor adolescente brasileiro.

Uma proposta para o futuro seria um estudo de acompanhamento do comportamento do consumidor antes, durante e depois de um processo decisório de compra real, para que se possa verificar na prática este processo e se variáveis como a propaganda o influenciam determinantemente. A partir de um estudo como este seria possível comparar se há disparidades profundas entre o que a pessoa diz e o que realmente faz na prática. Outra possibilidade ainda poderia ser o uso de várias escalas Likert contendo os motivos já citados pelos adolescentes para que se possa comparar o peso dado à propaganda com o peso dado a outros motivos como qualidade, preço do produto e dinheiro disponível.

Finalmente, esta iniciativa nunca teve a intenção de diminuir a importância da propaganda para as atividades comerciais e até mesmo para o crescimento econômico do país, pois como repetidamente afirmado anteriormente, a propaganda serve como um meio de informação e de ilustração dos diversos produtos produzidos e oferecidos numa determinada sociedade. Apenas se questiona o poder de influência da propaganda na decisão de compra do consumidor, a qual, de acordo com a opinião dos adolescentes envolvidos neste estudo, não se revelou determinante.

REFERÊNCIAS

ABEP (2007). Critério Padrão de Classificação Econômica Brasil/2008. http://www.viverbem.fmb.unesp.br/docs/classificacaobrasil.pdf.

ADITAL (2004). Brasil Interioriza o Hábito da Leitura http://www.adital.com.br/site/noticia.asp?lang=PT&cod=14228.

Ainsworth, M.D.S., Blehar, M.C., Waters, E. & Wall, S. (1978). Patterns of attachment: a psychological study of the strange situation, Hillsdale (NJ): Lawrence Erlbaum.

Arruda, A. (2002). Teorias das Relações Sociais e Teorias de Gênero. *Cadernos de Pesquisa*, No.117 pg.127-147, Nov.

Bandura, A.(1986). Social Foundations of Thought and Action: A Social Cognitive Theory, Englewood Cliffs, NJ: Prentice-Hall.

Bee, H. (1996). A Criança em Desenvolvimento. Porto Alegre: São Paulo.

Beilich, D. (2007). Brasileiro Não Tem Hábito de Leitura. http://www.lpp-uerj.net/olped/exibir_opiniao.asp?codnoticias=20649, Brasil.

Belch, G.E. & Belch, M.A. (2004). Advertising and Promotion: an integrated marketing communications perspective, 6ª Ed., Boston: McGraw Hill.

Berg, B.L. (2001). Qualitative Research Methods for the Social Sciences. (4th Ed.),
London: Allyn and Bacon, (2001).

Bhaskaran, S. & Hardley, F. (2002) Buyer beliefs, attitudes and behaviour: foods with therapeutic claims. *Journal of Consumer Marketing*, Vol.19 No 7 pp. 591-606.

Boschert, S. (2004). To build attachment and foster self-regulation with child, hced nonverbal cues. Clinic Psychiatry News, 32.3 p.51(1).

Bowlby, J.(1969). Attachment and loss: Vol. I. London: Hogarth Press.

Bowlby, J. (1973). Attachment and loss: Vol. II. London: Hogarth Press.

Bowlby, J.(1980). Attachment and loss: Vol. III. London: Hogarth Press.

Branch, M.N. (1977). On the Role of "Memory" in the Analysis of Behavior. *Journal of the Experimental Analysis of Behavior*, Vol.28 No.2 pg.171-179.

Brennan, J.F. (1982). History and Systems of Psychology. New Jersey: Englewood Cliffs.

Budden, M.C. & Griffin III, T.F. (1996). Explorations and Implications of Aberrant Consumer Behavior. *Psychology & Marketing*, Vol.13(8) pp.739-740.

Carrero, R. (2008). Um País de Poucas Letras, http://www.brasilcultura.com.br/conteudo.php?id=437&menu=95&sub=476.

Carrigan, M. & Attala, A. (2001). The myth of the ethical consumer – do ethics matter in purchase behaviour. *Journal of Consumer Marketing*, Vol.18 No 7 pp.560-577.

Carrigan, M., Szmigin & Wright, J. (2004). Shopping for a better world? An interpretive study of the potential for ethical consumption within the older market. *Journal of Consumer Marketing*, Vol.21 No6 pp.401-417.

Cassirer, E. (1994). Ensaio sobre o homem. São Paulo: Martin Fontes.

Chernatony, L. de & McDonald, M. (2005). Creating Powerful Brands. 3ª Ed., Oxford: Elsevier.

Cleaver, T. (2004). Economics: the basics. Oxon: Routledge.

Costa em Bezerra Jr., B. & Plastino, C.A. (2001). Corpo, afeto e linguagem: a questão do sentido hoje. Rio de Janeiro: Contracapa.

Craveiro, R. (2007). Brasil é apenas o 76º em acesso à Internet, http://www.abin.gov.br/modules/articles/article.php?id=479. Brasil.

Damásio, A. (2003). Ao encontro de Espinosa: As Emoções e a Neurologia do Saber. Portugal: Europa-America.

Denzin, N. & Lincoln, Y. (2000). Handbook of Qualitative Research. London: Sage Publications.

Donnellan, M.B, Conger R.D. & Burzette, R.G. (2007). Personality Development from Late Adolescence to Young Adulthood: differential stability, Normative Maturity, and Evidence for the Maturity-Stability Hypothesis. *Journal of Personality - OnlineEarly Articles*.

Dowbor, L. (2002). Economia da Comunicação. http://www.cidadefutura.org.br/meulugar/arquivos/economia_da_comu nicacao.pdf, Brasil.

Eysenck, M.W. & Keane, M.T. (2007). Manual de Psicologia Cognitiva. 5ª Ed., Porto Alegre: Artmed, 2007.

Faber, R.J. & O'guinn, T.C. (1989). Classifying Compulsive Consumers: Advances in the Development of a Diagnostic Tool. *Advances in Consumer Research*, Vol.16 pp738-744.

Faber, R.J. (1992). Money Changes Everything: compulsive buying from a biopsychosocial perspective. *The American Behavioral Scientist*, Vol.35, 6 pp.809-819.

Falcão, J.T.R. & Regnier, J. (2000). Sobre os métodos quantitativos na pesquisa em
ciências humanas: riscos e benefícios para o pesquisador. *RBER*, Vol.81 No.198 pp.229-243.

Ferster, C. B. & Skinner, B. F. (1957). Schedules of Reinforcement. American Psychological Association Print-on-Demand, ISBN: 1-59147-694-1.

Folha Online (2006). Leitura no Brasil é uma "vergonha", diz "The Economist".
http://www1.folha.uol.com.br/folha/ilustrada/ult90u58816.shtml, Brasil

Foucault, M. (2005). A Arqueologia do Saber. (6 Ed.), Portugal: Almedina.

Garber, P. & Goldin-Meadow, S.(2002). Gesture offers insight into problem solving in adults and children. *Cognitive Science*, N°26 p.817-831.

Gardner, H.(2003). A Nova Ciência da Mente. São Paulo: EDUSP.

Giglio, E.A.M. (2004). O impacto da credibilidade do endossante sobre reação dos consumidores em relação às propagandas: um estudo de caso *IV Encontro de Núcleos de Pesquisa da Intercom*.

Goldstein, B.(2005). Cognitive Psychology: Mind, Research and Everyday Experience. New York: Wadsworth Publishing.

Gomes, R., Mendonça, E.A. & Pontes, M.L. (2002). As representações sociais e a experiência das doenças. *Cad. Saúde Pública*, 19 (05):1207 1214, Set-Out.

Gonçalves, C.R. (2007). Direito Civil: Parte Geral. São Paulo: Saraiva.

Gwin, C.F., Roberts, J.A. & Martinez, C.R. (2005). Nature Vs. Nurture: The Role of Family in Compulsive Buying. *Marketing Management Journal* Vol.15 No.1 pp.95-107.

Heith, R. & Nairn, A (2005). Measuring Affective Advertising: Implications of Low Attention Processing on Recall. *Journal of Advertising Research* Junho.

Hughes, J. (1990). The Philosophy of Social Research. (2nd Ed.), Essex Longman
Group Ltd.

Jorge, C. (2004), Preços dos livros, falta de bibliotecas e analfabetismo leva brasileiro a ler pouco http://www.radiobras.gov.br/materia.phtml?materia=187985&q=1&editoria, Brasil.

Koch, S. (1981). The Nature and Limits of Psychological Knowledge: lessons of a century qua "Science". *American Psychologist*, Vol.36 No.3 pp.257-269.

Kotler, P. & Keller, K.L. (2006). Marketing Management. 12ª Ed., New Jersey: Prentice Hall.

Kyrios, M., Frost, R.O & Steketee, G. (2004). Cognitions in Compulsive Buying and Acquisition. *Cognitive Therapy and Research*, Vol.28 No.2 pp.241-258.

Laird, J.D. (2007). A Microgenetic Developmental Perspective on Statistics and Measurement. *Statistics and Development*, pp.1-6.

Lara, D. (2006). O modelo de medo e raiva: para os transtornos de humor, do comportamento e da personalidade. São Paulo: Revolução de Idéias e Editoral.

Lebelle, L. (2007). Personality Disorders. www.focusas.com/PersonalityDisorders.html.

Levisky, D.L. (1998). Adolescência: reflexões psicanalíticas. (2º Ed.), São Paulo: Casa do Psicólogo.

Lovelock, C. & Wirtz, J. (2006). Marketing de Serviços. (5 Ed.), São Paulo: Pearson Prentice Hall.

Main, M. & Solomon, J. (1986). Discovery of a disorganized/disoriented attachment pattern. In Roazzi, A. & Dias, M.G.B.B (no prelo).

Maman, A. (2006). Propaganda e decrédito: uma relação a ser investigada. *ENDECOM 2006 – Fórum Nacional em Defesa da Qualidade do Ensino de Comunicação*, São Paulo.

May, T. (2001). Social Research - issues, methods and process. (3rd Ed.),

Buckingham - Philadelphia: Open University Press.

Marchuschi, L.A. (1999). Aspectos da questão metodológica na análise da interação verbal: o continuum qualitativo-quantitativo. *Reunião do Grupo de Trabalho da ANPOLL*, pp.1-18.

Melo, M.V., Costa, M.F. & Leite, E.F. (2007). Produtos que não danificam o meio-ambiente podem influenciar a decisão de compra do consumidor? Um estudo do comportamento do consumidor em Recife. *Rios Eletrônica FASETE*, Ano 1 Nº 1.

Middleton, V.T.C. & Clarke, J. (2001). Marketing in Travel and Tourism. (3rd Ed.), Oxford: Butterworth-Heinemann.

Minzi, M.C.R. (2006). Loneliness and depression in middle and late childhood: the relationship to attachment and parental styles. *Journal of Genetic Psychology*, 167.2 p.189(22).

Miranda, C.M.C & Arruda, D.M.O. (2004). A Evolução do Pensamento de Marketing: uma análise do corpo doutrinário acumulado no século XX. *Revista Interdisciplinar de Marketing*, Vol.3 No.1 Jan/Jun p.40-57.

Moro, E.L.S., Souto, G.P. & Estabel, L.B. (2008). A influência da Internet nos hábitos de leitura do adolescente brasileiro. *http://www.eci.ufmg.br/gebe/downloads/313.pdf*, Rio Grande do Sul: UFRG.

Olinto, G. (2007). Desigualdade de Acesso à Internet no Brasil Grupo de Trabalho: estratificação e desigualdades sociais. *XIII Congresso Brasileiro de Sociologia Recife UFPE*.

O'shaughnessy, J. & O'shaughnessy, N.J. (2002). Marketing, the consumer society and hedonism. *European Journal of Marketing*, Vol.36 No5/6 pp.524-547.

Overton, W.F. (2007). Competence and Procedures: Constraints on the Development of Logical Reasoning. texto utilizado na disciplina de "Processos Cognitivos" da Pós-graduação em Psicologia Cognitiva da UFPE.

Overton, W.F. em Downs, R., Liben, L. & Palermo, D. (1991). Visions of aesthetic, the environment and developments: the legacy of Joachin Wohlwill. Hilsdale, NJ:Lawrence.

Padgett, D.K. (1998). Qualitative Methods in Social Work: challenges and Rewards. London: SAGE, 1998.

Piaget, J. (1975). A Teoria de Piaget In Paul H. Mussen (org.). São Paulo: Editora da USP.

Pickton, D. & Broderick, A. (2005). Integrated Marketing Communications. 2ª Ed., London: Prentice Hall.

Piedras, E.R. (2006). Compreendendo o consumidor: as estratégias do mercado publicitário. *XXIX Congresso Brasileiro de Ciências da Comunicação – UnB.*

Reimer, T. & Katsikopolous, K.V. (2004). The use of recognition in group decision-making. *Cognitive Science,* N°28 p.1009-1029.

Roazzi, A. & Dias, M.G.B.B. (no prelo), Percepção de risco e estilos de apego: explorando os aspectos cognitivos e emocionais que afetam a representação individual e coletiva do risco, *Pós-graduação em Psicologia Cognitiva da UFPE,* p.1-63, 2007.

Roazzi, A. (1995). Categorização, formação de conceitos e processos de construção de mundo: procedimento de classificações múltiplas para o estudo de sistemas conceituais e sua forma de análise através de métodos multidimensionais. *Cadernos de Psicologia,* N°1 p.1-26.

Roberts, J.A. & Jones, E. (2001). Money Attitudes, Credit Card Use, and Compulsive Buying among American College Students. *The Journal of Consumer Affairs,* Vol.35 No.21 pp.213-237.

Sarantakos, S. (1998). Social Research. (2nd Ed.), London: MACMILLAN PRESS LTD.

Saunders, M., Lewis, P. & Thornhill, A. (1997). Research Methods for Business Students. Basingstoke: Pitman Publishing.

Shaw, D. & Clarke, I. (1999). Belief formation in ethical consumer groups: an exploratory study. *Marketing Intelligence & Planning*, Vol. 17 No2 pp.109-119.

Silva, A.S. (2005). Can Psychological, Ethical, Biological and Mathematical Perspectives On Consumer Behaviour offer A More Useful Model of Marketing Segmentation? Dissertação. (Mestrado em Marketing Management), University of Central Lancashire.

Simon, H. (1959). Theories of Decision-Making in Economics and Behavioral Science. *American Economic Review*, N° 49 p.253-283.

Skinner, B. F. (1991). Questões recentes na análise comportamental. Campinas, SP: Papirus.

Skinner, B. F. (1975). Contingências do Reforço. Coleção Os Pensadores. São Paulo: Ed. Abril.

Spake, D.F. & Joseph, M. (2007). Consumer Opinion and Effectiveness of Direct-to-Consumer Advertising. *Journal of Consumer Marketing*, 24:5 283-292.

Stokes, D. (2002). Marketing. 3ª Ed., London: Continuum.

Sullivan, M.G. (2004). Attachment disorders can be spotted early. Clinical Psychiatry News, 32.3 p.51(1).

Tversky, A. & Kahneman, D. (1974). Judgment under Uncertainty: Heuristics and Biases. *Science*, Vol. 185 pp.1124 – 1131.

Vygotsky, L.S. (2003). A Formação Social da Mente. Martins Fontes: São Paulo.

Vygostsky L.S. (1978). Mind in Society: The Development of Higher Psychological Processes. Harvard University Press: Cambridge MA.

illemsens, B., Perin, M.G. & Sampaio, C.H. (2006). Identificação e mensuração de fatores influenciadores da eficácia da propaganda junto ao consumidor da classe C. *REAd*, Edição 53 Vol.12 N° 5, Set-Out.

am-Tang, E.P.Y. & Chan, R.Y.K. (1998). Purchasing behaviours and perceptions of environmentally harmful products. *Marketing Intelligence & Planning*, Vol.16 No6 pp.356-362.

Agradecimentos

Ao Prof. Dr. Antonio Roazzi, pela atenção e apoio durante todo processo de definição e orientação.

Ao Prof. Dr. Bruno Campello, pela disponibilidade e apoio no entendimento de instrumentos estatísticos.

Ao departamento de Psicologia Cognitiva, pela oportunidade de realização do curso de mestrado.

Às funcionárias do departamento de Psicologia Cognitiva, pelo apoio em todos os aspectos administrativos.

Ao Conselho Nacional de Desenvolvimento Científico e Tecnológico (CNPq), pela concessão da bolsa de mestrado.

www.ingramcontent.com/pod-product-compliance
Lightning Source LLC
Chambersburg PA
CBHW070237220526
45465CB00004B/1446